日本人英語のカン違い

ネイティブ100人の結論

川村晶彦 著
ジェームス・M・バーダマン コラム執筆

Obunsha

はじめに

　本書は昨年刊行された『コアレックス英和辞典』収録の PLANET BOARD（以下 PB）というコラムから一般の英語学習者の方にとって有益と思われるトピックを選び出し，加筆したものです。一般の学習者向けということで，今回，新たに加えたトピックも含まれています。

　PB が誕生することになったそもそものきっかけは，次のような疑問でした。学校教育においても社会においても英語によるコミュニケーション能力の重要性が叫ばれているが，どうすればうまく英語でコミュニケーションがとれるようになるのか。文法的に正しい文を正確な発音で話していればそれでよいのか。さらに，英語は日本語よりも YES/NO をはっきり述べる言語であると言われることが多いが，常に YES/NO をはっきりと言えばよいのか。いずれの場合も答えは NO だと思います。日本語であれ，英語であれ，「言い方」が大切だと思うからです。この点において，本書は大規模な調査に基づいた上で，日本人が思わず言ってしまうことの多い言い回しや表現が，英語の母語話者にどのような印象を与えてしまうか検証したものです。本書を通じて読者の皆さんがよりよいコミュニケーションのヒントを見つけてくれれば著者としてこれほどうれしいことはありません。

　調査に協力してくださったインフォーマントの方々は言うまでもなく，PB は準備段階から非常に多くの方々の助けを得て形にすることができました。この場を借りてお礼申し上げます。すべての方のお名前をここに挙げることはできませんが，準備段階から貴重なアドバイスとご協力をいただいた，かつての指導教官である東京外国語大学の野村恵造先生，バーミンガム大学での恩師 Judith Lamie 先生，同じく Rosamund Moon 先生，データの処理等でお世話になった内田諭氏，また，生き生きとした会話例やコラムで本書に彩りを添えてくださった早稲田大学のジェームス・M・バーダマン先生，企画段階から刊行まで，辛抱強く励ましてくださった旺文社外国語辞書編集部の畑知里氏，同じく，今回のチャンスをくださった井上学氏には特に感謝申し上げます。最後に，スタート時には資料の整理を，また，最初の読者として貴重な提案をくれた妻，美和子にも一言お礼を言いたいと思います。

2006年5月　川村晶彦

CONTENTS

- ●はじめに ……………………………………………………………………… 3
- ●本書の内容とデータについて ………………………………………………… 6
- ●インフォーマント一覧 ………………………………………………………… 10

1章　学校英語の落とし穴 ……………………………………………… 13
① おすすめしたいときは？……………………………………………… 14
② 招待ではなくお願い？………………………………………………… 18
③ オウム返しでも返事になる？………………………………………… 22
④ 「あなた」と呼びかけるべき？………………………………………… 26
⑤ must ＝ have to?……………………………………………………… 30
⑥ どうやって会話を始める？…………………………………………… 33
⑦ 未来のことは常に will ?……………………………………………… 36

2章　危ない英語の不用心 ……………………………………………… 39
① お酒が好きなのはいけないこと？…………………………………… 40
② 「酔っている」と言いたいときは？…………………………………… 44
③ ガイジンは英語でもだめ？…………………………………………… 48
④ 人を呼ぶときに "Hey!" と言う？……………………………………… 52
⑤ homely は褒め言葉？………………………………………………… 56
⑥ 「うそつき」はタブー？………………………………………………… 60
⑦ lover は恋人？　それとも愛人？……………………………………… 64
⑧ はっきりと「間違い！」と言う？……………………………………… 68

3章　こなれた英語のカン違い …………………………………………… 73
① 質問の答えに "Of course." と言う？………………………………… 74
② "Oh, good." は冷たい？……………………………………………… 77
③ 「ごぶさたしております」は？………………………………………… 80
④ "OK." は失礼？………………………………………………………… 84
⑤ "I see." はあいづち？………………………………………………… 88
⑥ wanna はこなれた英語？……………………………………………… 92
⑦ you know はかっこいい？…………………………………………… 96

4章 直訳英語の行き止まり 99
① cute はどんな物にも使える？... 100
② different はどういう意味？.. 103
③ difficult は断りになる？.. 106
④ "Everyone ..." と呼びかけるのは失礼？............................. 110
⑤ 「すみません」と言いたいときは？....................................... 114
⑥ 電話の出方は？ もしもし？.. 118
⑦ 「とても」と言いたいときは？.. 121
⑧ "Let's ..." で確認するのはくどい？.................................... 124
⑨ want はわがまま？... 128
⑩ we Japanese と言うのはどう？.. 132
⑪ 「ある…」は a certain ... でいい？..................................... 136
⑫ 「調子を見てあげる」と言いたいときは？............................. 139

5章 日本語発想の的外れ 143
① my friend は排他的？... 144
② "As you know, ..." はまずい？... 147
③ 「確実ではありませんが」と言う？...................................... 150
④ "Would you like me to do ...?" は丁寧？......................... 154
⑤ 「お気をつけて」と言うと失礼？... 158
⑥ "Don't you ...?" はぶしつけ？... 162
⑦ eat は品がない？... 166

6章 丁寧なつもりの不謹慎 171
① 本人を前にして he は失礼？.. 172
② 好き嫌いを like で言うと失礼？.. 175
③ 人のご主人は your husband？.. 178
④ I が先頭だとでしゃばり？.. 182
⑤ 女性の呼び方は？.. 186
⑥ regret は謝罪になる？.. 190
⑦ 「背が低い」は何と言う？.. 194
⑧ 「やせている」と言いたいときは？...................................... 197
⑨ いきなりファーストネームで呼ぶ？................................... 200
⑩ 呼び捨ては特権？.. 204

本書の内容とデータについて

■PLANET BOARD とは

　旺文社刊行のレクシスシリーズの辞書(『レクシス英和辞典』『コアレックス英和辞典』)に掲載されている主要なコラムの1つにPLANET BOARDがあります。「ネイティブスピーカーが実際に使っている英語の実態を知りたい伝えたい」そのような思いから英語圏在住の英語話者100人にアンケート調査を行い、その内容・結果をまとめたものです。紙面上に地球上の英語ネイティブスピーカー100人のさまざまな意見を掲載することを「評議会」になぞらえ、「PLANET BOARD」と名づけました。本書ではこのPLANET BOARD(以下PB)のデータをもとに、辞書では収録しきれなかった多様な意見や調査結果を掲載しています。

■アンケートの調査方法

　言葉を使って自分の意図を正確に聞き手に伝える能力を「語用論的能力」と言います。円滑なコミュニケーションを行うために非常に重要な能力なのですが、実際の教育現場などで指導しようとしても、そのような能力を身につけるために必要な情報を手に入れることは容易ではありません。基礎となる資料がなかなか手に入らないからです。近年はこのような分野においても、国内外を問わず広く学術的な調査が行われていますが、そうした調査はほんの少数の語句や表現に限られている場合が多く、さらに教育的観点から日本人英語学習者にとって必要な情報に焦点を絞ったものはあまり見当たりません。学術的な調査を離れてみれば、「語用論」という言葉こそ用いていないものの、語用論的な話題を扱った語学書やテキストの類を目にすることは多くあります。しかし、そのような書籍も内容に客観的なデータの裏づけがあるのかどうかが不明な場合が多いのです。

　ここ20年ほどはコーパスという巨大なデータベースを利用した語法調査が盛んに行われていますが、そのような方法も、語用論的な問題を扱う際に重要な点、つまり、「話し手がどのような意図である発言をし、聞き手がそれをどのように解釈したか」というところまで踏み込むのは難しいことが多いようです。そのため、語用論の調査では、インタビューやアンケートのような、話し手と聞き手の意図や解釈といったところまである程度追跡可能な方法を用いることが一般的です。インタビューにもアンケートにも一長一短があるのですが、PBでのデータ収集では、あえてアンケートという手法を取ることにしました。この種の調査としてはかなり大規模なものであり、かつ国外に居住しているインフォーマント(アンケート調査回答者)を対象としたからです。もちろん、語用論的な問題を扱う上で注意が必要な点には細心の注意を払い、かつ、教育という目的にも応用が利くようにバランスをとることに専念しました。たとえば、1つ1つの質問項目においては比較的具体的な状況

設定を行いましたが,かと言って,あまり細かすぎる,別の言い方をすれば,汎用性がないものは可能な限り避けるようにしました。

このようなPBの信頼性に関しては,2002年に刊行された『レクシス英和辞典』および2005年に刊行された『コアレックス英和辞典』でも実証済みであり,本書もまた信頼できるデータに基づきつつ,かつ,読者の皆さんにとって応用しやすい,貴重な情報を提供できているはずです。調査項目数においてもインフォーマントの数においても,これだけの規模で,しかも第2言語としての英語学習者にとって有益な情報を得ることに目的を絞って行われた対照語用論の調査は,おそらく世界でも類がないものと思います。

■アンケート協力者の構成

今回,PBのインフォーマントとして協力を依頼したのは約100人の米・英のネイティブスピーカーです。彼らの大多数は言語学者や英語教師といった語学の専門家ではなく,米・英に在住する一般の方々です。教育に応用するのであれば専門家の意見を求めるべきではないのか,という疑問もあるかもしれませんが,今回の調査の目的は専門家の見解を知ることではなく,一般の人々が実際にどのように言語を使っているのか,つまり「生」の英語の実態を調査することにありました。たとえば,私たちの母語である日本語について考えてみても,私たちの実際の話し方は国語の先生や日本語学者の方々がこう話すべきというものとは必ずしも同じでないことが多いのではないでしょうか。

ただし,約100人という比較的大規模な調査とは言え,これだけの人数で全世界の英語を反映させることはできないため,今回は調査対象を米・英の2地域に絞ることにしました。また,語用論にはさまざまな要素が関わってくることが多いのですが,その中でも年齢という要素は非常に影響が大きいことから,今回の調査では,これからの英語の担い手でもある比較的年齢の若いインフォーマントを中心にお願いしています。さらに,あくまでも「生」の英語の調査ということで,日本国内に居住している方々ではなく,原則米国あるいは英国在住の方のみにご参加いただきました。そのため,実際のアンケートの配布と回収等はWEB経由で行いました。

■調査項目の選定(日本人学習者 ── もう1つのアンケート)

調査項目選定に際して,最も重視したのは,日本人英語学習者にとって本当に必要なのはどのような情報かということでした。語用論的な能力を欠いているために意図が相手にうまく伝わらないと,最悪の場合,人格の否定といった深刻な誤解さえ生じかねないという危険性が指摘されています。もちろん,そのような消極的な

理由ではなく，より積極的に，円滑なコミュニケーションのためにはどのようなことを学ぶ必要があるかという点も考慮しました。そこで，PBの調査項目は，関連する文献も広く参考にした上で，深刻な語用論的失敗につながる可能性が高いもの，また英語でコミュニケーションをする際にこのようなことは覚えておいてほしいというものを中心に選択することにしました。

　ただし，語用論が英語教育で注目されるようになったのは比較的最近のことであり，ネイティブスピーカーはもとより，日本人学習者が語用論的にどのような判断に基づいて英語を使っているのか，実際のところはよくわからない場合も多いのです。そこで上記の基準によって選択した項目は，米・英在住のネイティブスピーカーからなるPBだけでなく，日本国内の大学に在籍している日本人英語学習者約100人に対しても同様の調査を行いました。

　協力してくれた日本人インフォーマントは，全員が大学受験という日本の英語教育における1つの目標点を通過しているという意味で，一定以上の英語力を持った英語学習者と言えます。ただし，今回の調査ではできるだけ平均的な日本人大学生の英語力を知るために，あえて英語を専攻としない学生と，海外，特に英語圏での居住経験のない学生を中心に協力を依頼しました。

■結果の扱いについて

　本書では毎トピック，「Q」から「NATIVEの結論」（本書内で8箇所あるコラム「Further Thinking」も）までの部分をPBで得られたデータに基づいて掲載してあります。それぞれのトピックでは，より正確なデータを得るために比較的詳細なシチュエーションを設定しました。性別や年齢といったものが深く関わってくる調査項目では，そうした要素の影響を検証するために，状況は同じで年齢・性別等の設定を変えた調査も行いました。また，追加調査として状況設定そのものを変えた項目もあります。いずれの場合にもその調査結果を【参考】として示してあります。

　米・英の調査結果に違いが少ないものはまとめて示してありますが，米・英で回答が大きく異なり，その違いを知っておくことが読者にとって有益と思われるものは，それぞれの国別のグラフで示しました。

　さらに，米・英の調査結果と日本人学習者の調査結果とが大きく異なった場合，つまり日本人学習者がネイティブスピーカー相手に語用論的失敗を犯す可能性が高い場合は，日本人側の調査結果も示してあります。

　アンケートの問題形式はYES/NOで答えられるものが中心となっていますが，項目によってはいくつかの選択肢から選択してもらうものも含まれています。ただし，その場合も集計の便宜上，回答が複数の選択肢にまたがる場合は最も強く当てはま

るもの,あるいは最も適切と思われるものを1つ選んでもらい,その上でコメントを求めました。

上記の場合以外でも,語用論調査という性質上,インフォーマントには積極的にコメントを求め,数値としての集計結果のみならず,学習上有益と思われるコメントは解説以外にも「NATIVEの実際の声!」として多数紹介してあります。これらのコメントには,読者の皆さんの理解を助けるために,簡単な訳も加えてあります。

なお,ある特定の表現を「不適切」,あるいは「そうは言わない」という回答になった場合は,必ずその理由と代わりの表現を求め,代わりの表現として多く挙げられたものは「NATIVEの結論」として紹介してあります。学習上の有効性を考慮すれば,単に調査結果を示すだけでは不十分であるからです。

(川村晶彦)

実際のアンケート例

Which is strongest among "fairly", "quite" and "very"?

If we confuse such adverbs as "very," "quite" and "fairly," it can cause a misunderstanding. For example, if we use "fairly" while in fact meaning "very," we could inadvertently convey the wrong meaning. Do you agree? Please answer the following question:

One of your friends Mary lent you a CD of her favorite singer. It was really good, and you enjoyed it a lot. When returning the CD which of the following would you find most suitable for praising it?

- ☐ a) "It's very good!"
- ☐ b) "It's fairly good!"
- ☐ c) "It's quite good!"
- ☐ d) none of the above is acceptable

Reason(s):

インフォーマント一覧

🇺🇸 USA

	SEX	AGE	NATIONALITY	STATE
1	F	10's	USA	ALASKA
2	F	40's	USA	ALASKA
3	F	20's	USA	ARIZONA
4	M	20's	USA	CALIFORNIA
5	M	20's	USA	CALIFORNIA
6	F	20's	USA	CALIFORNIA
7	F	20's	USA	CALIFORNIA
8	M	20's	USA	CALIFORNIA
9	M	20's	USA	CALIFORNIA
10	F	30's	USA	CALIFORNIA
11	M	20's	USA	CONNECTICUT
12	M	20's	USA	CONNECTICUT
13	M	40's	USA	CONNECTICUT
14	M	20's	USA	KANSAS
15	F	20's	USA	KANSAS
16	M	20's	USA	MASSACHUSETTS
17	F	30's	USA	MASSACHUSETTS
18	F	40's	USA	MINNESOTA
19	F	20's	USA	MONTANA
20	F	20's	USA	MONTANA
21	F	20's	USA	MONTANA
22	F	30's	USA	MONTANA
23	M	40's	USA	MONTANA
24	F	50's	USA	MONTANA
25	M	50's	USA	MONTANA
26	M	20's	USA	NEW YORK
27	M	30's	USA	NEW YORK
28	F	30's	USA	NEW YORK
29	F	30's	USA	NEW YORK
30	F	30's	USA	NEW YORK
31	F	30's	USA	NEW YORK
32	M	30's	USA	NEW YORK
33	F	30's	USA	NEW YORK
34	F	30's	USA	NEW YORK
35	F	40's	USA	NEW YORK
36	F	50's	USA	NEW YORK
37	F	10's	USA	NORTH CAROLINA
38	F	20's	USA	NORTH CAROLINA
39	F	20's	USA	NORTH CAROLINA
40	F	20's	USA	NORTH CAROLINA
41	M	20's	USA	NORTH CAROLINA
42	F	20's	USA	NORTH CAROLINA
43	M	40's	USA	NORTH CAROLINA
44	F	30's	USA	TENNESSEE
45	M	30's	USA	WASHINGTON
46	F	40's	USA	WASHINGTON
47	F	40's	USA	WASHINGTON

USA total 47

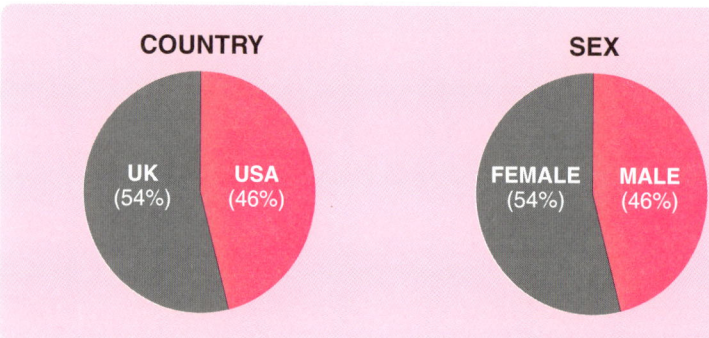

COUNTRY: UK (54%) / USA (46%)

SEX: FEMALE (54%) / MALE (46%)

🇬🇧 UK

	SEX	AGE	NATIONALITY	CITY & COUNTY
1	F	30's	UK	BEDFORDSHIRE
2	F	10's	UK	BERKSHIRE
3	M	10's	UK	BERKSHIRE
4	M	10's	UK	BERKSHIRE
5	F	10's	UK	BERKSHIRE
6	M	20's	UK	BERKSHIRE
7	F	20's	UK	BIRMINGHAM
8	F	20's	UK	BIRMINGHAM
9	M	20's	UK	BIRMINGHAM
10	F	20's	UK	BIRMINGHAM
11	M	20's	UK	BIRMINGHAM
12	M	20's	UK	BIRMINGHAM
13	F	20's	UK	BIRMINGHAM
14	M	30's	UK	BIRMINGHAM
15	M	20's	UK	BRISTOL
16	F	20's	UK	BRISTOL
17	F	30's	UK	CAMBRIDGESHIRE
18	F	30's	UK	CHESHIRE
19	M	40's	UK	CHESHIRE
20	M	10's	UK	DEVON
21	F	10's	UK	DEVON
22	M	10's	UK	DEVON
23	F	30's	UK	DEVON
24	M	30's	UK	DEVON

	SEX	AGE	NATIONALITY	CITY & COUNTY
25	M	40's	UK	DEVON
26	F	30's	UK	DORSET
27	F	20's	UK	DURHAM
28	F	20's	UK	EAST SUSSEX
29	M	30's	UK	EAST SUSSEX
30	M	30's	UK	EAST SUSSEX
31	F	10's	UK	ESSEX
32	F	30's	UK	HAMPSHIRE
33	M	30's	UK	HAMPSHIRE
34	F	30's	UK	HAMPSHIRE
35	M	30's	UK	HAMPSHIRE
36	F	30's	UK	KENT
37	F	10's	UK	LONDON
38	M	20's	UK	LONDON
39	F	20's	UK	LONDON
40	M	40's	UK	LONDON
41	M	40's	UK	LONDON
42	F	20's	UK	SOUTH WALES
43	F	20's	UK	STAFFORDSHIRE
44	M	20's	UK	SURREY
45	F	20's	UK	SURREY
46	M	20's	UK	WARWICKSHIRE
47	M	10's	UK	WEST MIDLANDS
48	F	10's	UK	WEST MIDLANDS
49	M	10's	UK	WEST MIDLANDS
50	M	20's	UK	WEST MIDLANDS
51	M	40's	UK	WEST MIDLANDS
52	M	40's	UK	WEST MIDLANDS
53	M	20's	UK	WEST YORKSHIRE
54	F	20's	UK	WEST YORKSHIRE
55	M	20's	UK	WEST YORKSHIRE
56	M	40's	UK	ANKARA, TURKEY

UK total 56

AGE

- teens (14%)
- 20's (43%)
- 30's (26%)
- 40's (14%)
- 50's (3%)

1章

学校英語の落とし穴

おすすめしたいときは？

人に何かをすすめるときはhad betterとshouldどちらを使えばいいのか。

京都出身のあなたは，京都旅行を計画している友人にどこかおすすめの場所はないかと聞かれました。金閣寺と清水寺をすすめるとしたら，次のどちらの言い方が適切だと思いますか。
a) You had better visit Kinkakuji and Kiyomizudera.
b) You should visit Kinkakuji and Kiyomizudera.
c) どちらも不適切

【●日本人の混乱ポイント】日本人はhad better ＝「…する方がよい」（やわらかいアドバイス），should ＝「…すべき」（多少強制的）と覚えていることが多いようですが，実際はどうなのでしょうか。

米・英ともにほぼ全員がshouldを用いると回答しており，アドバイスとしてhad betterを用いるのはきわめてまれであると言える。had betterを使わない理由としては，「強制的で命令しているような感じがする」という意見が多かった。

➡日本人ではhad betterを用いるという回答が3割近くあった。アドバイスをするつもりでhad betterを使ってしまうと，思わぬ誤解を招いてしまう可能性が高いと言える。

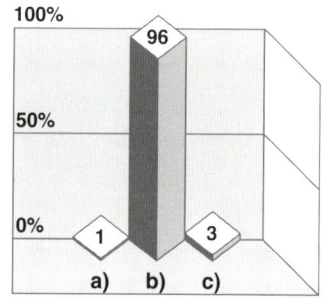

NATIVE の実際の声！

- Telling the friend that he "had better" do something implies a threat. It makes the friend feel like something bad will happen to him if he doesn't go. （友人に向かって had better を使うのは脅迫めいた言い方。もしも従わなければ何か悪いことが起こるという印象を与える。米♀10代）
- "Should" express opinion, whereas "had better" is an order, and implies that if you don't, there will be unpleasant consequences. （should は意見を述べるときに使われる一方で，had better は従わなければあまり好ましくないことが起こると暗に言っているように感じる。英♀30代）
- Here, "should" makes it sound like more of a recommendation. "Had better" sounds more like a direct order (too bossy). （この場合，should ならむしろすすめているという感じになる。had better は（威張って）命令しているように聞こえる。米♂30代）
- "Should" sounds better, because you are just advising. "Had better" sounds too forceful and almost as though you are making a demand of them. （単にアドバイスをするつもりの場合は should の方がいい。had better だと強制的に響きすぎて，従うことを強要しているように聞こえる。英♀20代）

NATIVE の結論

You should visit Kinkakuji and Kiyomizudera.

バーダマン先生のExample Conversation

> 英語で相手に何かを提案する際には、相手を気遣う感情を表現できるよう、ただ単に提案内容を伝えるだけでなく、前後に提案の理由をつけるとよいでしょう。

A: How do I get to the modern art museum?
B: You should take the #45 bus, because it's quite a long way.
    A: 現代美術館にはどうやって行けばいいですか？
    B: けっこう遠いので45番のバスで行くのがいいと思いますよ。

☆カジュアルな提案

A: Chisa, you look tired. <u>Why don't you</u> take a break?
B: Yes, I guess that would be a good idea. <u>How about</u> going for coffee?
    A: チサ、疲れた顔をしているよ。ちょっと休憩したら？
    B: そうね。そうしたほうがいいのかも。コーヒーでも飲みにいかない？

☆一般論としての提案

A: I'm going to the grocery to buy some apples to bake pies with.
B: <u>It would be better to</u> get them at the farmers' market. They're less expensive and a lot fresher.
    A: パイに使うリンゴを買いに、スーパーに行ってくるよ。
    B: 農家の直売所で買ったほうがいいよ。ずっと安いし、スーパーの物よりも新鮮だよ。

サラダボウルなアメリカ

ONE POINT COLUMN

　アメリカを形容する言葉として，melting pot（人種のるつぼ）という言葉を耳にしたことがある人も多いのではないでしょうか？　その言葉の示すようにアメリカは実に様々な人種が交じり合い国を形成しているので，一言で「アメリカ人」と言っても見た目にどのような人なのかは想像できません。

　しかし，アメリカ国内では同じアメリカ人といえども，人種や民族によりそれぞれの呼称があるようです。例えば黒人はAfrican Americans（アフリカ系アメリカ人），インディアンはNative Americans（アメリカ先住民），移民系アメリカ人もJapanese Americans（日系アメリカ人）やItalian Americans（イタリア系アメリカ人）などと，呼ばれています。

　「アメリカ人」ということにプラスして，さらに民族のルーツを名前に入れるのはなんだか不自然なような気もしますが，これは自らのルーツのせいで長い間差別を受けてきた黒人の歴史が影響しています。アメリカ人であると同時に自分のルーツにも誇りを持ちたいというそれぞれの民族の気持ちがこの呼称には表れているのです。

　このような民族意識の高まりにより，アメリカに関してはmelting potと言うよりも，自立した人種によって構成されるmosaic（寄せ集め），あるいはsalad bowl（サラダボウル）という表現が最近ではよく用いられます。

2 招待ではなくお願い？

"Could you ...?" は招待でも使えるか。

最近，近所に引っ越してきたJones夫妻を自宅へ夕食に招きたいと思います。その際，"Mr. and Mrs. Jones, could you come to our house for dinner next Sunday?" という表現は適切だと思いますか。

【● 日本人の混乱ポイント】"Could you ...?" は丁寧な依頼に用いられる表現ですが，人を招待するような場面でも使えるのでしょうか。

米・英ともに，このような表現は招待の言葉としては「適切でない」と答えた人が多く，特に英では8割以上の人が「不適切」と回答している。主な理由としては，"Could you ...?" という表現は「招待しているというよりは来てくれと頼んでいるような感じがする」という意見が多く挙げられた。

➡日本人は6割程度が「適切である」と回答しているが，日本人が丁寧に招待しているつもりであってもその意図が伝わらない可能性が高い。

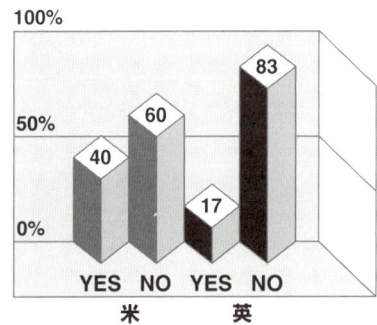

NATIVE の実際の声！

- It does not give the listener the ability to choose. They "could" come, but do they want to? （相手に選択の余地を与えていない。言われた方は，来ることは「できる」かもしれないが，この表現では相手が「来たい」と思っているのかはわからない。英♂40代）
- Sounds like a request (or a request with pressure) like it may be a surprise party, something else mysterious or that you have something unpleasant to discuss with them. （招待されているというよりは，お願いされている（強制的に来いと頼まれている）ように聞こえる。もしこのように言われたら，サプライズパーティーや何かほかの秘密めいたお誘い，あるいはあまり気の進まない内容の相談事が待ち受けているのではないかと感じる。米♀30代）
- Using the wrong words, sounds as if you are desperate for them to attend. （このような言い方をすると，相手の予定を伺うのではなく，来てもらわないと困るという感じがする。英♂20代）
- Sounds presumptuous, like a command. （命令しているみたいで厚かましい感じがする。英♀20代）
- Doesn't sound welcoming enough or it sounds like you have something urgent to tell them or you need their help with something. （来てほしいという思いが十分に感じられない。むしろ緊急に伝えなければいけないことがある，もしくは何か彼らの助けが必要で呼んでいるような印象を受ける。英♂20代）

NATIVE の結論

Mr. and Mrs. Jones, would you like to come to our house for dinner next Sunday?

バーダマン先生のExample Conversation

人を招待したいときには「意志」を尋ねる表現を使います。

人に何かを頼む場合には「意志」を尋ねるよりも，「可能性（実現性）」を尋ねる表現を用いるのが，間接的でより丁寧とされています。

☆招待・勧誘の場合の表現

A: <u>Would you like to</u> come to our house for dinner on Saturday?
B: Sure, I'd love to!
 A: 土曜日に我が家に夕食を食べにいらっしゃいませんか？
 B: 喜んでお邪魔させていただきます。

A: If you're free for lunch, <u>would you like to</u> go together?
B: Sorry, but I already have plans.
 A: 予定がないのなら，一緒にランチ行きませんか？
 B: ごめんなさい。今日は先約があって。

☆一般的なお願いの表現

<u>Could you</u> help me move this table?
 この机を動かすの，手伝ってもらえませんか？

☆友人や後輩に対してのお願いの表現

<u>Would you do</u> me a favor? I need help with this project. (=Could you help me with this project?)
 頼まれごとをしてほしいのだけど…この企画を手伝ってほしいの。

丁寧な物言いは？

　アメリカ人は自分の意見をしっかり持っているというイメージがあるからか，どんな言いにくいことでもズバズバ言うと思っている人は多いのではないでしょうか？　実際には，会話で使われる英語には間接的な表現が非常に多く，親しい相手でもストレートに自分の意志を押しつけるような表現をあまり用いません。

　「これをお願いできますか」という表現を英語にしようとするときに，日本人が言ってしまいがちな表現は，"Will you do this?" という直球の疑問文です。文法的には何の問題もないこの文も，丁寧さの観点から見ると×です。このような疑問文は，相手の答えとして「やってあげる／やってあげない」という選択肢しかなく，相手に居心地の悪い思いをさせるということで，ぶしつけとみなされるからです。

　依頼するときのコツは，まず「可能性」について聞くこと。たとえば，"Would it be possible for you to do this?"（これをやっていただくことは可能でしょうか）のような聞き方がそれに当たります。相手の「意志」ではなく，その依頼に答えられるかどうかの「可能性」を聞いているにすぎませんので，仮に相手が依頼に応じる「意志」がなくても，恐縮することなく断れるというわけです。「やってあげない」のではなく，「（都合で）できない」というニュアンスです。

　ちょっとしたことですが，この逃げ道を与えてあげる気遣いが英語では大切です。英語は確かに日本語に比べて物事をストレートに表現する傾向はありますが，相手の身になって考えるという点では，日本語も英語も違いはありません。

オウム返しでも返事になる？

 **"How do you do?" には
どう応えればよいか。**

友人の家で自分と同年代の Harry Brown という人を紹介されました。彼に "How do you do, X（あなたの名前)?" とあいさつをされたら "How do you do, Harry?" と返しますか。

【🔴 日本人の混乱ポイント】日本では，"How do you do?" というあいさつには "How do you do?" と返すのがよいと教えられることがありますが，実際はどうなのでしょうか。

　米・英ともに "How do you do?" とは「返さない」という回答が多かった。主な理由としては，"How do you do?" と返すのは，「古臭い表現だから」「堅苦しい表現だから」という意見や「そもそも質問に質問で返すのはおかしい」という意見などが挙げられた。

➡日本人は7割以上が「("How do you do?" と) 返す」と回答しており，きちんとあいさつをしているつもりでも失礼だと思われてしまう可能性が高い。

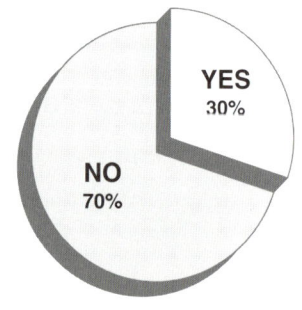

NATIVE の実際の声！

- This sounds too mechanical and artificial. （とても機械的な返答でわざとらしいと感じる。米♂30代）
- It'd sound extremely formal. （非常にかしこまった表現。英♂30代）
- I have never said "How do you do?" This is quite an old-fashioned phrase. （自分自身では "How do you do?" と言ったことはない。とても古臭い表現だと思う。英♂20代）
- It is funny to repeat the exact same phrase. （同じ文句をそのまま繰り返すのはおかしい。米♀30代）
- I need to respond to Harry's question before asking my own. ("How do you do?" は疑問文だから，自分が質問する前に相手の質問に答えるべき。米♀10代）
- Sounds as if you don't really want to talk to this person. （あまり相手と話をする気がないみたいに聞こえる。米♀30代）

NATIVE の結論

(I'm fine) thank you.
How are you? Nice to meet you.

バーダマン先生の Example Conversation

「会話のキャッチボール」という言い方をしますが，英語ではこれを keep the ball rolling と表現します。単に相手の言葉に答えるだけでなく，さらに言葉をつけ加えて返すのがよい会話です。

A: Hi, Nancy! How have you been?
B: Not too bad. But I've been really busy.
A: Oh? Busy with what?
 A: やあ，ナンシー！ 元気にしてた？
 B: まあまあかな。でもすごく忙しかったの。
 A: そうなの？ 何でそんなに忙しかったの？

A: Are you busy right now?
B: No, what's up?
 A: 今忙しい？
 B: ううん，どうしたの？

A: How was your weekend?
B: It was great! I spent Sunday at Rover Park. Have you ever been there?
A: No. What's it like?
 A: 週末はどうだった？
 B: すごくよかったよ！ 日曜日はローバーパークに行ったの。行ったことある？
 A: ないんだ。どんな感じなの？

あいさつの返事は気持ちよく

　"How are you?"と聞かれたら"Fine, thank you. And you?"と応じる。これは，英語を習い始めたら一番最初に教えられる典型的な英会話の例です。考えるまでもなく，反射的に答えられる人も多いのではないでしょうか。これほどまでに日本人に浸透している典型的なあいさつ文句ですが，実はこの「典型的」というのが，実際に英語を話す上ではくせ者だったりします。

　アメリカでは，"How are you?"に対して，"Fine, thank you. And you?"と答えるのはあまりに紋切り型で「返事をするのが面倒くさい」「いやいや話をしている」という印象を持たれることがあります。

　このようなことを避けるには，どんなときでも周りの状況と相手を見て，そのときどきの話題を取り入れたあいさつを心がけることが大事です。とは言っても，"How are you?"に対して，あまりに文字通りに答えてしまうのは問題があります。"Well, I've got a backache, my stomach hurts, I'm overworked ..."（それが実は，最近，腰は痛いわ，胃は痛いわ，さらに残業づくしで…）などと正直に答えた場合には，相手はびっくりしてしまいます。もちろん，気になっていることを話すのがいけないわけではありませんが，相手に言ってもしょうがない，会話として発展性のない「愚痴」をあいさつで持ち出すべきではないでしょう。やはり"How are you?"はあいさつらしく，心のこもった気持ちのよい返答ができるといいですね。

「あなた」と呼びかけるべき？

英語でも主語を省略することはあるのか。

バスの中で空いている席を見つけました。座る前に，その席の隣に座っている人に声をかけるとしたら，次のa), b)のどちらを言いますか。
a) Mind if I sit here?
b) Do you mind if I sit here?
c) いずれも言わない

【🔴 日本人の混乱ポイント】日本語と違って英語では，「命令文を除いて主語を省略することはない」と言われることがありますが，実際はどうなのでしょうか。

　米と英で意見が多少分かれる結果となった。米ではa) の "Mind if I sit here?" が，英ではb) の "Do you mind if I sit here?" がそれぞれ過半数を超えた。米でa) が多かった理由としては，b) と比べて「堅苦しくない」「暖かい感じがする」といった回答が多く挙げられた。一方で，英でb) が好まれた理由としては，「知らない相手に話しかけるのだから省略しない方が丁寧」といった意見が多かった。

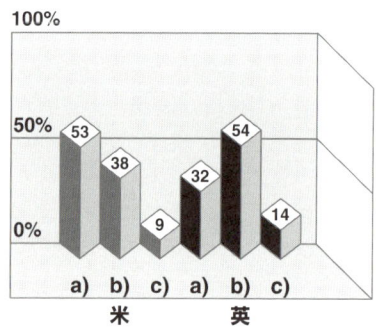

米・英ともに主語を省略する方が堅苦しくないという点では意見が一致しているが，主語を省略した表現を用いてよいとするシチュエーションの判断自体に違いがあるようである。

NATIVE の実際の声！

a)
- It's OK to omit the subject when trying to sound casual and informal. （気軽で，堅苦しくない感じにしたいなら，主語を省略しても問題ない。米♀30代）
- Omitting the subject like this gives the sentence a more casual, friendly and informal feel and might make the person you're asking feel more comfortable with the request. （この場合のように主語を省略すると，より気軽で親しみのこもった，堅苦しくない感じになるので，話しかけられた方もより気持ちよくお願いに応じてくれるのでは。英♂10代）

b)
- Since you don't know the person, it might be more polite to say the whole sentence. （知らない相手なのだから，文全体を省略せずに言った方が丁寧なのではないかと思う。米♀30代）
- You don't know the person, so would say the full sentence and not the shorter version. （相手をよく知らないのだから，省略せずに完全な文を言うと思う。英♂30代）

NATIVE の結論

 Mind if I sit here?
 Do you mind if I sit here?

バーダマン先生のExample Conversation

書き言葉では文法が重視されますが，会話ではしばしばそうした文法が崩れる場合があります。省略や俗語，発音の変化だけでなく，相手が言葉を次いで代わりに文章を完成させてくれるシチュエーションもよくあります。

☆不完全な文章のやりとり

A: Coffee?
B: Great idea!

A: コーヒーは？
B: いいねぇ！

☆相手が言葉を次いでくれる場合のやりとり

A: How did the interview go?
B: Ugh! It was ... what's the right word?
A: A disaster?
B: Exactly!
A: Uh-oh. Tell me what happened.

    A: 面接どうだった？
    B: あー！　えっとね…何と言うか。
    A: 最悪だった？
    B: そう！
    A: あらあら，どんなだったか教えてよ。

A: Where, uh, is the ...
B: The copy machine?
A: Yeah ...
B: Over there.

A: えーっと，あれどこだっけ…
B: コピー機のこと？
A: そうそれ！
B: あそこだよ。

不完全だからこそ

　英語を話すときに完ぺきな英語を話そうとして，話すのがおっくうになっていませんか？　英語で話し慣れていない人は，「正しい文法」で話そうと強く意識するあまり，しばしば文法にがんじがらめになって言いたいことも言えなくなってしまうことがあるようです。しかし実際にネイティブの話している会話を聞いてみると，英語の授業で教わるような教科書通りの〈主語＋動詞＋目的語〉の文は意外に少ないことがわかります。言葉を省いたり加えたりし，様々なアレンジを加えた文が話されているのが実情です。

　たとえば，ネイティブの会話でよくあるのが，言わなくてもわかるような言葉を省略してしまうことです。"Too bad." や "No problem." は日本人学習者にもなじみのある表現だと思いますが，正確には，"(That's) too bad." や "(It's) no problem." となります。

　また，極端な場合は1単語だけで言いたいことを表す場合もあります。「アイスクリームはいかがですか？」と言いたい場合，"Are you interested in having some ice cream?" や "Would you like to have some ice cream?" と表現するのが「正しい文法」です。しかしネイティブは，"Ice cream?" の一言で済ませてしまいます。

　もちろんこれは，それまでの会話の流れがあってということが前提ですが，いずれの場合も他の部分を略してしまっても文章として何が言いたいのかわからなくなるということはありません。試験問題では正しい文法力が求められますが，実際のコミュニケーションでは伝えた者勝ちです。文法の完全さを求めるのではなく，一番伝えたい単語を口にすることから始めてみてはいかがですか？　案外それがこなれたネイティブらしい省略フレーズになる可能性も…。

5 must ＝ have to?

Q やむをえない事情で「…しなければならない」ときは **must** と **have to** のどちらを使うか。

アルバイト先で週末も働いてもらえないかと頼まれたのですが，大事な試験の前なので断ろうと思います。ここで "Sorry, I must study." と答えますか。

【● 日本人の混乱ポイント】日本人は must ＝ have to と覚えていることが多いようですが，「しなければならない」と言いたいときはどちらも全く同じように用いることができるのでしょうか。

　米・英ともに「言わない」という回答が多く，この2つの表現にはかなりニュアンスの違いがあるようである。理由としては，「must を使うとやむをえない事情というよりも，自分の意志でアルバイトではなく試験勉強を選んだという印象を与えるので，このシチュエーションには適さない」という回答が多かった。

➡日本人は8割近くが「言う」と回答しているが，思わぬ誤解を招く可能性が高い。

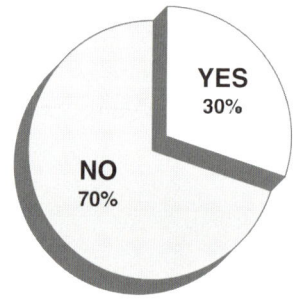

YES 30%
NO 70%

NATIVE の実際の声！

- "I must ..." does sound more self-imposed than "I have to ..." "I have to ..." does sound like you have no choice. （I must は，I have to に比べて自分自身の選択というニュアンスが確かに強くなる。I have to を用いるとほかに選択の余地がないというニュアンスになる。米♀40代）
- "I must ..." may imply that you're just saying it as an excuse. "I have to ..." signifies no choice and thus seems more genuine. （I must を用いると，単に言い訳をしているような感じになるかもしれない。I have to の場合はほかに選択の余地がないということで，より真実味がある気がする。英♂20代）
- "I have to ..." implies obligation from an outside authority, such as a teacher or school. （I have to の場合は，先生や学校など，自分以外の外部の圧力によって何かをしなければならないという感じがする。英♀20代）

> ➡ must と have to それぞれの持つニュアンスが違うという理由から，この状況では「自分の選択ではない」というニュアンスのある have to を選ぶという意見が多く見られた。

- This sounds overly formal and antiquated. （この（must を使った）表現だと堅苦しすぎる上に古臭い感じがする。米♀30代）
- Sounds like you are being unhelpful and don't really care about your job. （（must を用いると）非協力的で，仕事のことなど本当はあまり気にかけていないという感じになる。米♀30代）

NATIVE の結論

Sorry, I have to study.

🇺🇸 Sorry, I need to study.

バーダマン先生のExample Conversation

「…しなければならない」という表現にはフォーマルとインフォーマルの度合いに応じて，段階的に崩した表現があります。have toだけでなくhave got toやhafto，gottaといった表現も，会話ではよく耳にします。同じ意味でも，mustは堅い場面で使われることが多いと言えるでしょう。

A: Want to go for a pizza?
B: Sorry, I have to save money this month.
    A: ピザ食べに行かない？
    B: ごめん、今月はお金貯めないといけないんだ。

☆カジュアルな表現

John has got to start working before long.
    ジョンは近いうちに働き始めないといけない。

She's gotta be at the office by 9:00 tomorrow.
    彼女は明日9時までに職場にいかないといけない。

☆フォーマルな表現

If you want to get promoted at this company, you must follow the rules!
    この会社で昇進したいのなら、規則を守らなければいけません！

6 どうやって会話を始める？

Wh- 疑問文は避けるべきか。

バイト仲間のAlanとその友人たちと一緒にキャンプに行くことになりました。Alan以外の人たちとは面識がありません。簡単にあいさつをした後で，彼らのことをもっとよく知るためにAlanとどういう知り合いなのか聞いてみたいと思います。このような状況で話しかけるとしたら，以下のa), b) のどちらの言い方が適切だと思いますか。

a) How do you know Alan?
b) Do you go to the same high school as Alan?
c) どちらも適切でない

【●日本人の混乱ポイント】YES / NOで答えられる疑問文と比べて，Wh- 疑問文は尋問のように響くことがあるので初対面の相手には避けた方がよいと言われることがあります。実際はどうなのでしょうか。

　米・英ともに "How do you know Alan?" と答えた人が大多数を占めた。理由としては，「初対面の人と話を始めるのに適切な表現だから」と答えた人が多く，また，「単にYES / NOという答えで終わらないので，会話が広がる」という理由も多く見られた。

➡日本人は6割近くが "Do you go to the same high school as Alan?" と答えており，米・英と日本では会話の始め方が違うようである。

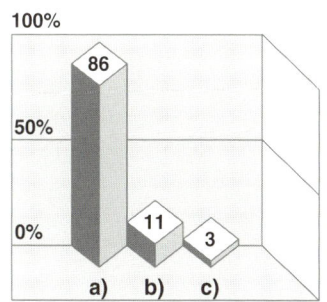

NATIVE の実際の声！

- Asking how they know Alan is a good way of starting conversation. Saying "Do you go to the same high school?" is a YES or NO question, and could end the conversation very quickly. （Alan とどういう知り合いなのか聞くのはいい会話の始め方だと思う。"Do you ...?" という質問は YES / NO で答えられる疑問文なので，すぐに会話が終わってしまうかもしれない。米♀10代）
- I would ask this because it leaves your friends the open opportunity to tell you whatever they think are the most important aspects of their relationship with the other person. （("How do you ...?" という聞き方をすると) Alan の友人たちと彼とのつき合いの中で，友人たちが何を最も重要と考えているのか，それを何でも自由に語る機会が生まれるので，自分自身ではこのような質問をすると思う。米♂20代）
- Because it's open-ended and therefore more likely to elicit a response beyond YES or NO. （("How do you ...?" という質問は) あらかじめ決まった答え方がないので，単に YES や NO といった以上の答えを引き出せそう。英♂30代）
- Polite and cordial and an appropriate way to get the conversation going. （丁寧で思いやりを感じるし，会話を進めていくのにふさわしい聞き方だと思う。英♀30代）

NATIVE の結論

How do you know Alan?

バーダマン先生のExample Conversation

> 初対面の人との会話を始めるには，周りの状況を話題にすることが多いようです。周りの状況を話題にするのが難しいときは，自己紹介をしてそこから話を広げていくのもよいでしょう。

A: Gee, the food is delicious, isn't it?
B: Yes, I didn't know Jack was such a chef.
A: How do you happen to know Jack?
B: He and I work at the same company. And you?
A: We're friends from college days.

 A: うーむ。すごくおいしい料理ですね。
 B: ええ。ジャックがこんなに料理の腕がいいとは知りませんでした。
 A: ジャックとはどのようなお知り合いですか？
 B: 会社の同僚です。あなたは？
 A: 学生時代の友人です。

A: I'm afraid I don't know many people here. My name's Judy Walker.
B: Hello, Judy. I'm Maria Andrews. Glad to meet you.
A: It's a pleasure to meet you too.

 A: 今日の集まりではあまり知ってる人がいないんです。私はジュディー＝ウォーカーと申します。
 B: こんにちは，ジュディー。私はマライア＝アンドリュースです。お会いできてうれしいです。
 A: こちらこそ。

7 未来のことは常にwill？

Q 他人のこれからの行動についてwillは使えるか。

友人のWilliamが週末にバーベキューパーティーを予定しており，誰が来られるか確認をしています。その場にはいない別の友人Aliceについて，来られるかどうか知っているかと聞かれたのですが，前日の晩にAliceと会った際は行くという話でした。このような場合，Williamに対して "Alice will come to the party." と答えますか。

【🔴日本人の混乱ポイント】未来のことを話す際にはwillを用いると覚えている人が多いようですが，他人のこれからの行動についても使えるのでしょうか。

米・英ともに「言わない」という回答が多く，特に英でこの傾向が強かった。理由としては，「(自分自身のことではないのに) 確信を持って答えすぎている」「(自分が) 無理矢理にでも連れて行くと言っているように感じる」といった意見が多く，他人の行動に関してはwillは避けた方がいいだろう。

→日本人は5割以上が「言う」と回答しており，不用意に他人の行動についてwillを使ってしまうと，特に英国人に対して悪い印象を与える危険性が高い。

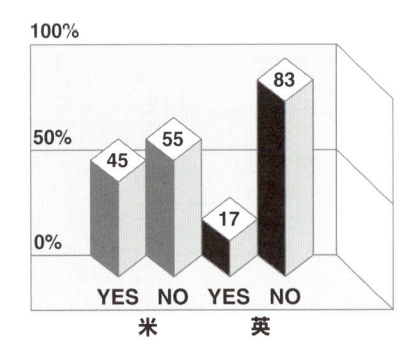

	米		英	
	YES	NO	YES	NO
%	45	55	17	83

NATIVE の実際の声！

YES

- Yes, because you "know." - Better, though "Yes, Alice will be coming as far as I know." or "Alice will be coming."（来ると「知っている」わけだから（will を用いるのは）問題ない。しかし，"Yes, Alice will be coming as far as I know." や "Alice will be coming." といった表現の方がいいと思う。米♀30代）

> 「言う」と回答した場合であっても，「でもこちらの方が望ましい」と代替案を提示している場合が多く，実際に「言う」人の割合は，数値よりも少なくなると予想される。

NO

- It sounds as if you are going to force Alice to come to the party.（まるで無理矢理 Alice をパーティーに行かせると言っているみたい。米♀20代）
- It sounds as though you are in a position to decide what Alice does.（自分が Alice の行動を決める立場にいるような言い方。英♀30代）
- You can't presume someone's actions. It's quite rude and inappropriate and could cause you trouble later.（他人の行動を勝手に決めつけるような言い方になる。ひどく礼を欠いていて不適切な表現であり，後でもめる原因になる可能性も。英♀20代）
- No, because I do not want to be the one to blame if she does not show up.（もしも彼女が来なかった場合に自分が責められそうなのでこのような言い方はしない。米♂20代）

NATIVE の結論

Alice will be coming [going] to the party.
I think Alice's coming [going] to the party.
I'm not sure, but Alice did say she's coming to the party.
Alice told me (that) she's coming to the party.

バーダマン先生の Example Conversation

未来について話すときに，will は「…になる［が起こる］だろう」という予期している事態を表すのに対し，be going to はすでに何かしらの準備をしていて，「…しよう」と思っていることを意味します。

A: <u>Are you going to</u> come to the party on Sunday?
B: I <u>am</u> definitely <u>planning to</u>.
 A: 日曜日のパーティーには行くの？
 B: 絶対に行こうと思ってるよ。

A: <u>Will</u> you be able to see Nancy while you're in Dallas?
B: I'<u>m planning to</u> have lunch with her.
 A: ダラスに行っている間にナンシーには会えるの？
 B: 彼女とランチを食べようと計画しているよ。

☆親しい間柄の人について話す場合
A: Who is going to Hawaii with you?
B: My girlfriend <u>will</u> go with me.
 A: ハワイには誰と行くの？
 B: 僕の彼女と一緒に行きます。

2章

危ない英語の不用心

1 お酒が好きなのはいけないこと？

Q　「お酒が好き」は **"I like drinking."** でいいか。

新しい職場の同僚たちが歓迎会を開いてくれました。同僚の1人にお酒が好きかと聞かれて、実際にお酒が好きだとしたら、"I like drinking." と言いますか。

【🔴 日本人の混乱ポイント】drink に目的語をつけなければ、「お酒を飲む」という意味で用いられますが、「お酒が好き」と言いたいときは、単純に "I like drinking." でよいのでしょうか。

　米・英ともに「いいえ」という回答が圧倒的に多かった。主な理由としては、「アルコール中毒だと言っているようで、大人の発言としてはふさわしくない」という意見が多く見られた。
➡日本人学習者は8割程度が「はい」と回答しており、思わぬ誤解を招く危険性がありそうだ。

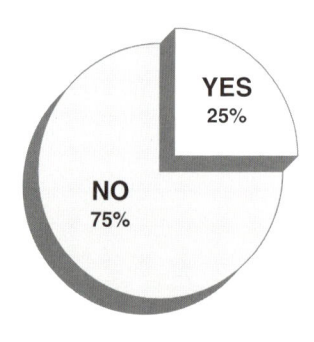

YES 25%
NO 75%

NATIVE の実際の声！

- It connotes that I drink too much.（自分がふだんからお酒を飲みすぎる傾向にあると暗に言っていることになる。米♂30代）
- "I like drinking." makes it sound like you have a drinking problem. People aren't typically proud of their drinking habits, at least not my friends or peers.（こういう言い方をすると自分にお酒がらみの問題があるように聞こえる。大体飲酒癖があるのはあまり褒められたことではない。少なくとも僕の友人や仲間の間ではそう思っている人がほとんどだ。米♂20代）
- It sounds like you are an alcoholic, but if you are, then go ahead and say "I like drinking."（アルコール中毒患者みたいに聞こえるが，でも本当にそうなら言ってもいいとは思う。米♀20代）
- Saying "I like drinking." sounds simplistic and not a mature thing to say.（こういう言い方は短絡的で大人の発言とは思えない。英♀30代）
- This makes you sound like an alcoholic!（この発言だと，アルコール中毒患者みたいに聞こえる！ 英♂30代）

NATIVE の結論

🇺🇸 I enjoy a drink now and again [once in a while].
🇬🇧 I like a drink [the occasional drink / the odd drink (or two)].

バーダマン先生の Example Conversation

英語ではお酒の話題は日本よりもずっとデリケートな話題として考えられています。お酒に関する話題のときは，曖昧な表現や控えめな表現が用いられることが多いと言えます。

A: Do you drink?

B: Yes, I enjoy a drink every now and then.
- A: お酒はたしなまれますか？
- B: はい，時折飲みます。

A: Would you like to go for a beer?

B: Sorry, I don't drink.
- A: ビールを飲みに行きませんか？
- B: ごめんなさい，お酒は飲まないんです。

A: How about a glass of wine before dinner?

B: Sure, why not?
- A: ディナーの前にワインはいかがですか？
- B: ぜひいただきます。

飲酒のテリトリー

　アメリカでは，21歳未満の未成年者は，ほとんどの州でアルコール飲料を買うことも公共の空間で所有することも，法律的に禁止されています。

　名目上ただ「禁止」にしているのとは違い，アメリカでは未成年の飲酒に関する法律は非常に厳しく，アルコールを買う場合には身分証明書の提示が求められることがあります。この身分証明書のチェックを「動 card（する）」と言います。アルコールの販売店がこの card を怠り，未成年者にアルコールを販売してしまったのがわかった場合には，店主からアルコール飲料販売免許をはく奪するなど，対応も徹底しています。そのかいあって，販売店側は概してアルコールを売るのには非常に慎重です。未成年かどうか疑わしい場合だけでなく「40歳以下の方は全員身分確認をします」といった掲示を出す店もあります。

　しかし，こんなに飲酒に対する法律が厳しい一方で，自宅やプライベートクラブと言った「私的空間」での飲酒は認められています。意外なことに，米軍基地でもほとんどの場合において21歳未満の兵士でもお酒を飲むことが許可されています。と言うのは，基地では，基地司令官が飲酒の最低年齢を設定することができ，通常は18歳とされているからなのです。

　一番厳しそうな軍隊では飲酒が18歳から OK というのはなんだか不思議な話ですよね？

2 「酔っている」と言いたいときは？

Q 「酔っている」はdrunkでよいか。

新しい職場で開いてもらった歓迎会ですっかりお酒が進んでしまい，同僚の一人に「気分は大丈夫か」と聞かれました。気分は悪くないのですが，少し酔ってしまった気がします。ここで "I'm just drunk." と言いますか。

【● 日本人の混乱ポイント】日本語の「酔っている」にあたる英単語はdrunkですが，果たしてどのようなニュアンスの語なのでしょうか。

　米・英ともに「いいえ」という回答が圧倒的多数であった。特に米ではほぼ9割がそのように回答している。主な理由としては「まるで泥酔しているみたい」，「アルコール中毒みたい」，「ストレートすぎる」という意見が多く見られた。
➡日本人学習者は6割以上が「はい」と回答しており，思わぬ誤解を招いてしまう危険性が高そうである。

YES 21%
NO 79%

NATIVE の実際の声！

- This might indeed imply you are a serious drinker (since they don't know you yet); also it implies that you don't take the job seriously if you are willing to make a bad impression on your co-workers. （まだ自分のことをよく知らない相手なので，こういった表現をすると，間違いなく相当な酒飲みであるという印象を与えてしまうだろう。さらに，このような場で同僚に進んで悪印象を与えるようなことをするということは，仕事に対していい加減な人間だと暗に言っていることになる。米♀30代）

- No, because you do not want your first impression to these people being that you are an alcoholic. （自分がアルコール中毒だという第一印象は与えたくないだろうから言わないほうがいい。米♂20代）

- Never admit you are "drunk" at a work event. （仕事がらみの場では絶対にdrunkだと認めるような発言はしないこと。米♀30代）

- It would be quite embarrassing to admit that you are "drunk." It's not the appropriate thing to say to your new colleagues. You should hide the fact that you are "drunk." If you admit that you are drunk then people might mock you. （自分がdrunkだと認めるのはかなり恥ずべきことだと思う。新しい職場の人たちに言うべきことではないし，（もし仮に実際にdrunkだとしても）自分がdrunkだという事実は隠しておくべきだ。もし認めたとしたら，みんなから軽蔑されるかもしれない。英♂20代）

- This is a new job. — Do you want to lose it? （せっかくの新しい職を失いたいの？ 英♂30代）

NATIVE の結論

I'm fine. I'm (just a bit [little]) tipsy.

バーダマン先生のExample Conversation

「酔っている」と言いたいときに，be drunk や get drunk を使うと，だらしのないイメージになってしまいます。tipsy (ほろ酔い気分の) という便利な形容詞があるので覚えておくといいでしょう。アルコールという負のイメージも明るく楽しいものとして表現することができます。

☆お酒が入った状態を説明する表現

I'm not drunk. I'm just a bit tipsy.
　酔っ払ってないよ。ちょっとほろ酔い気分なだけ。

A: Hey, are you feeling okay?
B: I'm definitely feeling no pain!
　A: ねぇ，大丈夫？
　B: かなりいい感じに酔ってます！

A: You don't look too well.
B: I've got a hangover. I drank too much last night.
　A: あまり調子よくなさそうだね。
　B: 二日酔いなの。昨日飲みすぎちゃって。

☆酔っている人をさす表現

A: She's three sheets to the wind.
B: Maybe we should cut her off.
　A: 彼女ぐでんぐでんだよ。
　B: もうこれ以上お酒を飲ませないほうがいいかも。

動物古今東西

　日本でもアメリカでも動物は比喩表現の中によく登場します。英語では酔っ払っている人をさして，"Drunk as a skunk." という表現が使われますが，日本でスカンクと言われても全くピンと来ませんよね？　この場合は drunk と skunk の音が似ていることから，音韻効果を狙った比喩表現として使われているのですが，このように日本とアメリカでは比喩表現に登場する動物の種類が違う場合がよくあります。

　また，英語では忙しい人を "He's busy as a bee."（彼はハチのように忙しい）と表現することがありますが，日本では「ハチ＝忙しい」という概念はありません。そのほかにも，健康的な人を "Healthy as a horse."（馬のように健康的），お腹が空いている人を "Hungry as a horse."（馬のように腹ペコ），力強い人を "Strong as a bull."（雄牛のように強い）などの表現があり，日本人にはあまりしっくりこない組み合わせが多いかもしれません。

　逆に，日本では「キツネとタヌキの化かしあい」「狐狸妖怪」という言葉があるように，古くから「キツネ」と「タヌキ」は変身する特殊な能力を持った動物だと思われてきました。しかし，アメリカでは "Sly as a fox."（キツネのようにずるがしこい）と言うように「キツネ」はずるがしこいイメージはあるものの，日本のように，「変身する」というイメージは特になく，「タヌキ」に至ってはあまりメジャーな動物でもありません。日本では神の使いとして大事にされているキツネも，アメリカに行けばただの悪者になってしまうのはおもしろいですね。

3 ガイジンは英語でもだめ？

Q 外国出身の人を **foreigner** と呼ぶのは差別的か。

外国から来た人を foreigner と言いますか。

【●日本人の混乱ポイント】日本語の「ガイジン」という表現は差別的で失礼だと言われますが，それにあたる英語の foreigner の場合はどうなのでしょうか。

　米・英ともに「言わない」という回答が過半数を超える結果となった。理由としては，「差別的」「失礼」というものがほとんどであった。
➡日本人学習者の場合は 7 割以上が「言う」と回答しており，思いがけず悪い印象を与えてしまう危険性が高い。

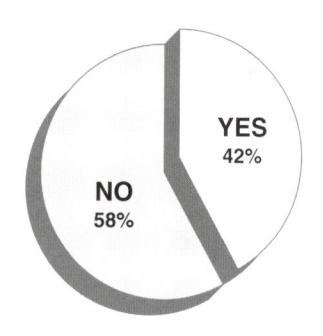

YES 42%
NO 58%

NATIVE の実際の声！

- These are issues that reflect the speaker's values. If you are a racist then using the word "foreigner" is fine. （話し手の価値観の問題だと思う。人種差別主義者ならこの表現を使ってもいいと思うが。英♂40代）
- As long as the person does not mind, it is OK. （言われた方が気にしないのなら問題はない。英♂10代）
- It does sound discriminatory. （事実，差別的に聞こえる。米♀20代）
- It does sound a little alienating and insulting. （確かに，少し相手に距離をおいた感じに聞こえるし，侮辱的な感じもする。米♂30代）
- "Foreigner" is usually an offensive term. （たいていは侮辱的に使われる語だね。英♂20代）
- I would only use it if I didn't know what country they were from. If I knew what country or region they were from, I would use that instead. I usually only say "foreigners" when referring to a group of people from other countries if they are not all from the same country or region. （相手の出身国がわからない場合にのみ使う。相手の出身国や出身地がわかれば，それを使って「…出身」と言うだろう。また，たいていは，色々な出身地の人たちをひとまとめにしてさすときにのみ，この表現を使う。米♂20代）

▶foreignerと言うと答えた場合でも，「出身地がわからない場合」，「特定の人ではなく一般化して言う場合」，「本人が目の前にいない場合」など条件つきの回答が目立った。実際にこの語が用いられる機会は数値以上に少ないと言えるだろう。

NATIVE の結論

Akira is Japanese [from Japan].
Akira is from another country.

FURTHER THINKING

foreign student も差別的か？？

【シチュエーション】日本語の「ガイジン」にあたる foreigner は差別的な表現と解釈されることが多いようですが，その形容詞である foreign を使った foreign student ではどうでしょうか。

> **Q** 外国から来た留学生を **foreign student** と言いますか。

米: YES 70 / NO 30
英: YES 83 / NO 17

foreign の場合は，foreigner に比べると許容度が多少高いようで，特に英では8割以上の人が「言う」と回答している。代わりの表現としては (an) overseas student や (an) international student という表現が挙げられたが，foreign student でも「留学生をさす一般的な言い方」という意見が多く，特に表現としては問題ないという人が多いようだ。

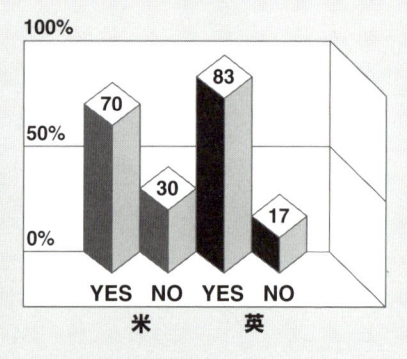

バーダマン先生の Example Conversation

> 1単語で表現することによって，必要以上にきつい意味になってしまう言葉があります。特に差別的なニュアンスを含むとされる表現は，一言で表すのではなく，慎重に客観的な描写をすることで回避できます。

A: There are lots of people from other countries here.
B: Yes, it makes Tokyo a very interesting place.
    A: ここにはほかの国出身の人がたくさんいますね。
    B: ええ，それが東京のおもしろいところです。

A: I don't think she's Japanese.
B: No, she's from Thailand.
    A: 彼女は日本人じゃないよね。
    B: うん，タイ人だよ。

A: I wonder where that new student is from.
B: I think she's from Costa Rica.
    A: あの新入生ってどこの人だろう。
    B: コスタリカ出身だと思うよ。

A: Where do all these people come from?
B: I think they're from someplace in Scandinavia.
    A: あの人たちはどこから来たの？
    B: 北欧のどこかじゃないかな。

4 人を呼ぶときに "Hey!" と言う？

Q 人を呼ぶときに "Hey!" と声をかけるのは失礼か。

喫茶店でウェイターやウェイトレスを呼び止める際に，"Hey!" と声をかけますか。

【🔴 日本人の混乱ポイント】人を呼び止める際，思わず言ってしまいそうな表現ですが，実際，人にどのような印象を与えるのでしょうか。

　米・英ともに「"Hey!" と声をかける」という回答は皆無に近かった。理由としては，ほぼ全員が「相手に対して失礼」と回答しており，この表現を使うと相手の反感を買う危険性が非常に高いと言えるだろう。

➡日本人学習者でも「言う」という回答は少数派ではあったものの2割近くがそう回答しており，注意が必要な表現である。

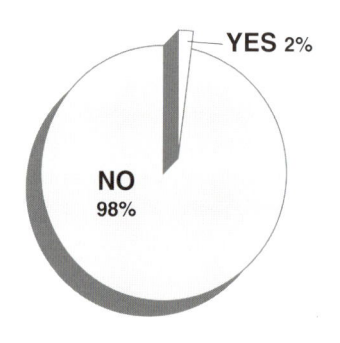

YES 2%
NO 98%

NATIVE の実際の声！

- It sounds rude. I would use for an unruly child if I was angry. (とても失礼。言うことを聞かない子供に対してだったら、怒ったときに言うかもしれない。米♂30代)
- Saying "Hey!" loudly in any public place is rude. It will attract the attention of many people around you. (公共の場で、大声で"Hey!"と言うのは失礼で、周りの人みんなにじろじろ見られるだろう。米♀20代)
- Too direct, commanding and rude. (直接的すぎるし、命令調で無礼。米♂20代)
- "Hey!" used to attract attention is a very childish exclamation. (相手の注意を引くために大声で言う"Hey!"は表現としては、とても子供っぽい。英♀20代)
- Rude. It is as if you are suggesting that you are better than them and that they should attend to you above the other customers. (無礼。まるで自分が相手よりも上の立場にあり、さらに、自分をほかの客よりも優先するべきだと言っているように聞こえる。英♂20代)
- Saying this to someone you don't know, especially a waiter or someone who is at work to provide you a service is rude. I am a waiter myself and I find this offensive. (知らない相手、特にウェイターなど職務としてサービスを提供してくれる立場の人に向かって、この表現を用いるのは失礼。僕自身、ウェイターをしているが、このように言われたら侮辱されたように感じる。英♂20代)

NATIVE の結論
Excuse me.

FURTHER THINKING

高級レストランではどうか？？

【シチュエーション】喫茶店では人を呼び止める際に，"Hey!" と声をかけるのは失礼だと思われる場合が多いようですが，さらにフォーマルな場面ではどうでしょうか。

> **Q** 高級レストランでウェイターやウェイトレスを呼び止める際に，**"Hey!"** と声をかけますか。

米・英ともに「"Hey!" と声をかける」という回答は1人もおらず，許容度はゼロだった。理由としては喫茶店の場合と同様のものがほとんどであったが，高級レストランである分「より反感を買う」という意見も見られた。代わりの表現は喫茶店の場合と同じく "Excuse me." が挙げられた。

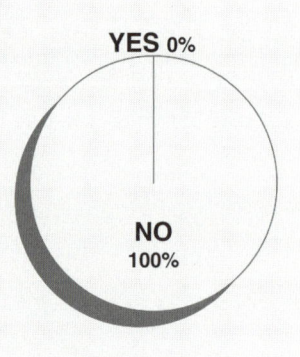

YES 0%
NO 100%

【参考】喫茶店，レストラン以外に，飛行機の中でフライトアテンダントに対して "Hey!" と声をかけるかどうかも聞いてみたが，ほぼ同じ結果となった。

バーダマン先生の Example Conversation

> 他人の注意を引きたいときは，相手の邪魔をして申し訳ないという意味で「すみません」と声をかけるのが一般的です。また，声をかけるだけでなく，自ら相手の方へ歩み寄るのが礼儀にかなっています。

☆一般的な注意を引く表現

A: <u>Excuse me!</u> Could you tell me which direction the station is?
B: Sorry, I don't live here.
A: Okay, thanks anyway.

 A: すみません！ 駅はどちらの方角なんでしょう？
 B: ごめんなさい，私この辺りのものじゃないんです。
 A: そうですか，ありがとうございます。

A: <u>Sorry to stop you</u>, but is this Mason Avenue?
B: Yes, it is.
A: Thank you.
B: No problem.

 A: お引き止めしてすみません，ここはメイソン通りですか？
 B: そうですよ。
 A: ありがとうございます。
 B: どういたしまして。

5 homely は褒め言葉？

Q homely は「家庭的」？

親友にお姉さんを紹介されました。一緒にいるとほっとするような温かい雰囲気の持ち主で、料理や洗濯といった家事も好きそうです。一言で言えば、「家庭的な」人と言えるかもしれません。もしも、誰かに彼女はどんな人かと聞かれたら、"She is a homely person." と答えますか。

【●日本人の混乱ポイント】homely という語は「家庭的」のほかに、「容姿が悪い」という意味もあるために注意の必要な語と言われています。実際、この語はどのように用いられることが多いのでしょうか。

> **homely** 形 ①(米)(人・顔立ちが) 平凡な、魅力的でない
> ②(英)質素な；地味な；くつろげる、家庭的な

米ではほぼ全員が、英でも過半数が「いいえ」と回答している。米・英で許容度は異なるものの、できるだけ使わない方がよい語と言えるかもしれない。主な理由としては「悪い意味にも解釈できる語なので、このような状況では避ける」という意見が挙げられた。

➡日本人の調査では約7割が「いいえ」と回答しており、多少英に近い傾向が見られた。

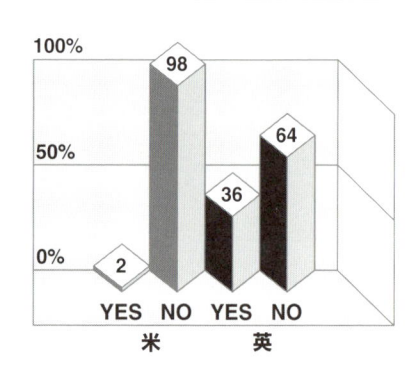

米: YES 2, NO 98
英: YES 36, NO 64

NATIVE の実際の声！

YES
- But I would not say that to her face because she might misconstrue the meaning and take offense. (勘違いして気を悪くするかも知れないので面と向かっては言わない。英♂20代)
- But this could also imply "fat" or "boring". Be careful! (使うけれども，この表現は「太っている」や「退屈な」という意味にもなりうるので注意が必要だ。英♀30代)

> ➡ 「使う」と答えた人も，homely には否定的な含意 (connotation) があるため，その使用に際して慎重な姿勢を示している意見が多く見られた。

NO
- It is ambiguous. It suggests that she is a rather large woman. (どっちの意味にもなりうるが，彼女がかなり大柄な人という印象は受ける。英♀20代)
- No, because "homely" implies "ugly" these days. It can only be used as a pejorative. (近頃では homely は「醜い」を言外に意味するから使わない。この語を用いると悪口にしかならない。米♂30代)
- I've never heard the word "homely" used like that before, even though it may be dictionarily* correct. (辞書的には正しいのかも知れないけど，私自身は homely という語がこのように (「家庭的」の意で) 使われたのを聞いたことはない。米♀20代) *dictionarily はインフォーマントによる造語
- I don't think I've ever used the word "homely" to describe someone. It seems a little old fashioned or Americanized. (私自身は人のことを言うときに homely という語を使ったことがないと思う。少し古臭い表現だし，アメリカ英語っぽい。英♀20代)

NATIVE の結論

🇺🇸 homebody, homemaker, motherly
🇬🇧 warm, kind, nice

バーダマン先生のExample Conversation

もともとどちらかの性をさすイメージが強い表現は不用意に用いると反感を持たれてしまうことがあります。そのような語は，単独で用いるのではなく，具体的に説明を加えるようにすると，誤解を招くことがなくなります。

A: How would you describe Alice?
B: Well, she's more of a <u>homebody</u>. She likes to cook and sew.
 A: アリスってどんな人？
 B: うーん，どちらかというと家庭的な人だね。料理やお裁縫が好きだよ。

A: My mother didn't work, but <u>preferred to do things at home</u>.
B: Sounds like she was just like my mother.
 A: うちの母は仕事はせず，家事をするのが好きな人でした。
 B: ちょうど私の母と同じだったんですね。

A: She's <u>the domestic type</u>, fond of baking and taking care of the house.
B: Is she a good cook?
A: You bet!
 A: 彼女は家庭的なタイプだね，パンやクッキーなんかを作るのが好きだし。
 B: 料理上手なの？
 A: もちろん！

ONE POINT COLUMN

おふくろの味？

　フランス料理やイタリア料理はパッと頭に思い浮かびますが，アメリカ料理と言われて何かが思い浮かぶ人はあまりいないかもしれません。思い浮かんでもファーストフードのイメージが強いのではないでしょうか？

　アメリカにも「おふくろの味」というものはあります。アメリカの家庭料理の代表格と言えば，ミートローフ。日本ではあまりなじみのないミートローフですが，アメリカでは「肉じゃが」的存在で，安い上に簡単に作れるため，ほとんどの家庭の定番メニューとなっています。肉じゃがやカレーのように，ミートローフも一度に大量に作って作り置きしておくことが多く，連日のミートローフに「えー，またぁ？」と子供が文句を言う…というのはよく聞く話です。しかし，やはり家庭料理の定番メニューだけあり，大人になると，この「おふくろのミートローフ」というのが恋しくなることが多いようです。

　母親が実際に作ってくれる料理とは違いますが，中華料理（チャイニーズ）もアメリカの食卓には欠かせない存在です。「アメリカで中華？」と意外に思われるかもしれませんが，アメリカのチャイニーズはテイクアウト制度があり，電話注文をして取りに行けば，持ち帰って家ですぐに食べることができます。この手軽さに加え，チャイニーズは安さも抜群で，アメリカでは欠かせないメニューになっています。

　ファーストフードばかり食べている人ももちろんいますが，意外にもアメリカの食卓の選択肢は広いのかもしれません。

6 「うそつき」はタブー？

Q 相手が信用できないときは **liar** と呼んでもいいのか。

クラスメートの Henry はいつも冗談を言って周りを笑わせています。そんな彼がある日，とてもまじめな顔をして UFO を見たことがあると言い出しました。もしもうそだと思ったら，彼に向かって "(You're a) liar." と言いますか。

【●日本人の混乱ポイント】英語の liar は日本語の「うそつき」よりも相手を非難するニュアンスが強いと言われていますが，実際はどうなのでしょうか。

米・英ともに「言わない」という回答が圧倒的に多かった。理由としては，「けんかを売っているみたい」「侮辱したことになる」という意見がほとんどであった。liar という言葉は日本語の「うそつき」よりも攻撃的な言葉と言えるだろう。

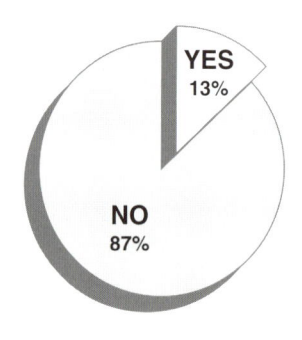

YES 13%
NO 87%

NATIVE の実際の声！

- It sounds like you're trying to pick a fight. I think he'd be hurt. (けんかを売っているように聞こえる。こんなことを言われたら Henry は傷つくと思う。米♀30代)
- He would probably answer "Are you calling me a liar? Huh!?", and that would probably bring our friendship to a rather abrupt end. (おそらく言われた Henry は「なんだと！俺が liar だと言うのか！」と答えて、それで2人の友情はあっけなく終わりになると思う。英♂30代)
- Calling someone a "liar" implies that they never tell the truth and are an untrustworthy person. (誰かを liar と呼ぶことは、暗に相手がうそしか言ったことのない信用できない人間、というような意味になる。米♀20代)
- It's a very insulting thing to say, regardless of the situation. (どんな状況であっても、相手に対して大変侮辱的な発言だと思う。米♂20代)
- Only little children can get away with using "liar." (相手のことを liar と言って許されるのは小さい子供だけ。米♀30代)
- It sounds like you're judging him as person. He may have told a lie, but it doesn't make him a liar. (Henry という人物の人間性自体を判断しているように聞こえる。たとえ彼がうそをついたとしても、それで彼が liar だということにはならない。英♀20代)
- How do I know that I am right in my belief that UFOs do not exist? (たとえ自分は UFO なんて存在しないと思っていても、それが正しいかどうかなんてわからない。英♂30代)

NATIVE の結論

Are you sure [serious]?
You are [must be] joking [kidding].
I don't believe you [that].

バーダマン先生の Example Conversation

> "You're a liar." と言うと，相手の人格そのものを否定してしまうことになります。相手の言葉にはきちんと反応をしないと失礼にあたるので，驚いたときにはその驚きを上手に表現することも大切です。

A: Did you hear that Mary's moving to Boston?
B: <u>Are you serious?</u>
 A: メアリーがボストンに引っ越すって聞いた？
 B: 本当に？

A: I heard that we're having a test in the next class.
B: <u>You're kidding!</u>
 A: 次の授業でテストがあるって。
 B: 冗談でしょ !?

A: This project is due at 5:00 this afternoon, everyone.
B: <u>You must be joking.</u> We'll never get it done by then!
 A: このプロジェクトの締め切りは今日午後5時までだから。みんな，いいね。
 B: 本気ですか？　それまでに終わらせるなんて絶対無理です！

A: The weather forecast calls for snow tomorrow.
B: <u>I don't believe you.</u> The forecast must be for another city.
 A: 天気予報では明日は雪だって。
 B: 信じられない。別の都市の予報じゃないの。

うそのいろいろ

　日本には「うそも方便」ということわざがありますが、アメリカにも「うそ」を容認する文化があります。害のない、軽いうそのことを英語ではfibと言い、その中でも他人を傷つけたり蹴落とすためにつくうそではなく、相手への「思いやり」や「礼儀」の一環としてつくうそのことを、white lieと言います。

　たとえばある家庭でご飯をごちそうになってその料理が口に合わなかったとします。そんなときに、本心ではそう思っていなかったとしても、「とてもおいしかったです」と答える…。このように相手への配慮に端を発するうそがwhite lieです。white lieは他人に害を与えませんが、同じ「うそ」でも他人を意図的に傷つけたり、自分の利益のためにつく悪質なうそをblack lieと言います。

　このblack lieはある種の職業のイメージにはついて回るものです。まず政治家や弁護士が頭に浮かぶのは日米とも同様だと思いますが、アメリカでは彼ら以上に信用されていない職業があります。それは中古車ディーラーです。アメリカではセカンドハンドの車を買うことが日本に比べてずっと一般的なため、この中古車ディーラーとのかけひきは車を買う上での通過儀礼となっています。彼らのblack lieには定評（？）があり、たとえ車に欠陥があったとしても平気でその車をすすめ、またその車が事故車であってもひたすら褒めちぎります。

　1970年代、かの有名なウォーターゲート事件でニクソン元大統領が「うそつき」と批判の嵐にあっていた頃に作られた政治ポスターには、アメリカ人のこのような考えがよく表れています。ニクソン元大統領の顔写真が大きく印刷された下には、次のような文句が。

Would you buy a used car from this man?

7 lover は恋人？それとも愛人？

Q 「彼女」は英語で何と言うか？

恋愛関係にあり，つき合っている女性を指す場合，最もふさわしい表現は以下のa)〜c)のいずれだと思いますか。
a) girlfriend
b) steady
c) lover
d) いずれも不可

【🔴 日本人の混乱ポイント】「彼氏」や「彼女」というとsteady，「恋人」だったらlover，「女友達」や「男友達」であればgirlfriend，あるいはboyfriendといった表現を思い浮かべる人がけっこういるようです。実際，これらの表現はどのような違いがあるのでしょうか。

　米・英ともにほぼ全員がgirlfriendと回答しており，steadyとloverという回答は全くなかった。主な理由としては「girlfriendは世間的に認められた表現だから」という意見が挙げられた。

➡日本人学習者の場合はgirlfriendが多少多いとは言うものの，girlfriend，steady，loverのいずれも3割程度が選択していた。steadyやloverを使ってしまうと思わぬ誤解を招く危険性が高いと言えるだろう。

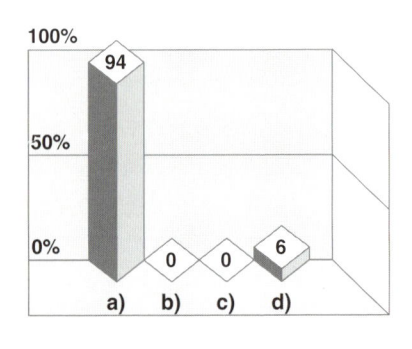

グラフ: a) 94, b) 0, c) 0, d) 6

【参考】性別が逆の場合でも結果はほぼ同じで，boyfriendが最も多かった。

NATIVE の実際の声！

a)
- Sounds the most natural and normal way to describe the woman that a guy is dating. (男性が自分のデートの相手をさす場合, 最も自然でふつうの言い方。米♂20代)
- The socially accepted term. (社会的に受けいれられた表現。米♂20代)
- The most used term. (一番よく使われる言い方。米♀30代)
- It's the "default" term, at least for young people. (少なくとも若者の間では標準的な言い方。英♂30代)

b)
- The term "steady" seems old-fashioned. (steadyという言葉はもう古臭い。米♀30代)
- Out of date. (時代遅れ。米♀30代)
- I have not heard the word "steady" used in this context. (steadyがこのような場合に使われているのを実際に耳にしたことはない。英♂10代)
- Seems a little American. (ちょっとアメリカ英語っぽい。英♂20代)

c)
- It seems that the person is someone's sex partner. (セックスフレンドという印象を受ける。米♀30代)
- Brings sexual implications. (性的な関係をほうふつとさせる。米♀20代)
- Sounds too much like it is a sexual relationship. (性的な関係であるということを全面的に出しすぎている。英♂10代)
- Sexual. (性的。英♂20代)

NATIVE の結論

girlfriend
(＊男性をさす場合は boyfriend)

バーダマン先生の Example Conversation

> 通常 boy や girl という表現は大人をさすときには使いませんが，boyfriend や girlfriend は例外的に大人を指す場合にも使うことができます。また，このほかにも名詞を用いずに恋愛関係を示す表現がいくつかあります。

A: I'd like you to meet my boyfriend, Justin.
B: Hi, Justin. Glad to meet you.
    A: 私の彼のジャスティンを紹介するわね。
    B: こんにちは，ジャスティン。会えてうれしいよ。

A: Have you got a girlfriend?
B: No, my last girlfriend and I just broke up.
    A: 彼女いるの？
    B: いや，前の彼女と別れたばかりだよ。

A: Do you think Lisa is seeing anyone?
B: I heard that she's seeing a guy she works with.
    A: リサって誰かつき合ってる人いるのかな？
    B: 同僚とつき合ってるって聞いたけど。

A: Carol is going out with a really nice guy from France.
B: How did they meet?
A: They met on a museum tour in New York.
    A: キャロルはフランス人のすごく素敵な男性とつき合っているの。
    B: 2人はどうやって知り合ったの？
    A: ニューヨークの美術館ツアーで会ったんだって。

パートナーは男性？女性？

　アメリカでは恋人のことをさして partner と言う人をよく耳にします。この表現はもともと，性別をはっきり言わなくてはならない boyfriend, girlfriend という言葉を避けて同性愛者の間で使われ始め，広がった言葉です。しかし，最近では political correctness（政治的正当性）や性差別に対する意識の高まりから相手が異性か同性か，はたまた結婚しているか結婚していないかなどがはっきりとわかる呼び方を嫌う人もおり（→P189 コラム参照），異性愛者でも partner という表現を使う人が増えてきました。特に同棲している場合によく使われる表現ですが，両者の関係の特定の側面を強調することなく，親密であることを表現することができます。また，2人の関係が対等であり，お互いが自立しているというイメージになるのも最近の時流に合っているのかもしれません。

　ただこの partner という表現，たとえばビジネスパートナーなど恋愛の相手以外の人をさして言いたい場合は，必ず「ビジネス」などの言葉を前につけないと，誤解を招いてしまうことが多いでしょう。

8 はっきりと「間違い!」と言う?

Q 間違いを指摘するときに wrong を使うか。

授業中にクラスメートの Charles が期日までにレポートを出さなかったと、先生にしかられています。あなたは Charles がぎりぎりでレポートを提出したことを知っているので、先生が勘違いしているのではないかと思っています。ここで、先生に向かって "You're wrong." と言いますか。

【● 日本人の混乱ポイント】「間違っている」と言うときに、真っ先に浮かぶ語の1つに wrong がありますが、日本語の「間違っている」のように比較的どのような場面でも用いられる語なのでしょうか。

米・英ともに「言わない」という回答が圧倒的に多かった。理由としては、「非常に挑戦的な感じがする」「目上の相手に対してこのような物言いは失礼」といった意見が多かった。
➡日本人の調査では4割以上が「言う」と回答しているが、日本人が思っている以上に wrong は強い表現であると言えるだろう。

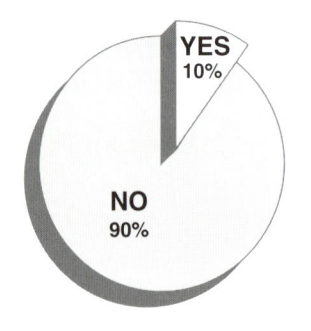

YES 10%
NO 90%

NATIVE の実際の声！

- It sounds aggressive. （攻撃的な感じ。英♀10代）
- It sounds hostile. （敵意があるみたい。英♂40代）
- Too confrontational while addressing a teacher. （先生に向かって言うには挑戦的すぎる。米♂30代）
- This is abrupt, and would be disrespectful. （ぶっきらぼうで，先生に対しての敬意が感じられない。米♂20代）
- Don't contest authority so obviously in the classroom. （教室で目上の人を相手にこのようにあからさまに口答えすべきでない。英♀30代）
- Saying "You're wrong." to an elder is impolite. （年上の相手に向かって言うと失礼。米♀10代）
- Saying "You're wrong." to a teacher is rude and should especially never be done in front of the teacher's class. （失礼な発言だし，特にクラス全員の前で言うべきではない。米♂20代）
- In this situation, you would not want to embarrass the teacher, so you would say it privately. （この状況であれば，先生に恥をかかせたくないので，個人的に先生だけに言う。米♀30代）
- I might not say anything. Charles should defend himself. （私だったらたぶん何も言わないと思う。Charlesが自分で反論すべきだと思う。米♀30代）
- Absolutely not. If I did say this I would expect to be scolded in return. （絶対に言わない。こんなことを先生に言えば，逆に先生にしかられると思う。英♀20代）

NATIVE の結論

Excuse me, but I think there's been a mistake.
I think you may be mistaken.
You might be making a mistake.

バーダマン先生の Example Conversation

ふだん，人との会話で直面する難しい状況のうち，相手の非を指摘しなければならないというのは特に労力と気を遣うものです。エチケットとしては，相手の言動に異議があったとしても相手への敬意を示すことが大切です。

A: Your total comes to $24.50.
B: I think you may be mistaken. This shirt was reduced to $18.00.
A: I'm sorry, sir. You're absolutely right.

 A: 全部で24ドル50セントです。
 B: 間違いじゃないでしょうか。このシャツは値引きで18ドルになったのでは。
 A: 失礼いたしました。おっしゃる通りです。

A: Here's your check, sir. You can pay at the cashier.
B: Excuse me, but I think there's been a mistake. We didn't order wine.
A: Oh, I've given you the wrong bill, ma'am. I'm very sorry about that. Here's the correct one.
B: That's okay.

 A: こちらがお勘定です。レジでのお支払いになります。
 B: すみません，間違っているんじゃないかと思うのですが。ワインは頼んでいませんよ。
 A: あっ，違う伝票をお渡ししてしまいました。大変申し訳ございません。こちらが正しいものです。
 B: いえ，大丈夫ですよ。

ONE POINT COLUMN

ツイテない日

　「何をやってもうまくいかない…」そんな日は誰にでもありますよね？　英語ではそのようなときに "I woke up from the wrong side of the bed." という表現を使います。

　欧米社会では昔は一般的に「右側＝良い」,「左側＝悪い」という考え方がありました。何事もうまくいかない日は，たいてい，朝ベッドから起きたその瞬間から不調だということで，起き上がり方に問題があるのではないかと考えた結果，good side of bed と bad side of bed という考え方が生まれました。つまり，起き上がるとき，左側から降りた場合，それは got up on the wrong side of bed（ベッドの悪い側から起きた）ということになり，その日は一日縁起が悪い。一方，ベッドの右側から降りた場合は，それは got up on the right side of bed（ベッドのよい側から起きた）であるため，その日はすべてがうまくいくという考え方です。今では迷信として，ツイていない日を表すときのただの決まり表現と化していますが，部屋の中央にベッドを置く欧米ならではの表現と言えます。部屋の狭さゆえにたいていベッドの片側は壁につけて置いてしまう日本では生まれなかったであろう表現ですね。

3章

こなれた英語のカン違い

1 質問の答えに "Of course." と言う？

Q 質問に対する返答として **"Of course."** は使えるか。

偶然図書室で会った先生に「宿題は終わったの？」と聞かれました。もう終わっているとしたら "Of course." と言いますか。

【● 日本人の混乱ポイント】"Of course." は日本語の「もちろん」にあたる表現ですが，たとえば，何かを質問されたときに，その返答として使うことはできるのでしょうか。

　米・英ともに，この場合の返答として "Of course." とは「言わない」と回答した人が過半数を超えた。理由としては，「失礼」「偉そう」という意見が多かった。

➡日本人は7割近くが "Of course." を返答として「言う」と回答しているが，日本語の「もちろん」のつもりで用いると相手によくない印象を与えてしまう危険性が高い。

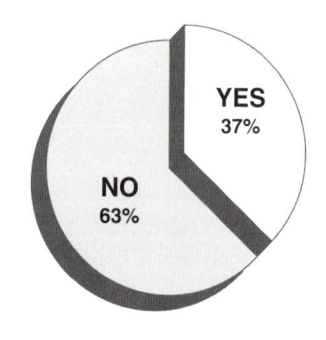

YES 37%
NO 63%

NATIVE の実際の声！

- You might do, if you were being jocular with a teacher with whom you're on good terms. (仲のいい先生に冗談のつもりで言うのであれば、言ってもいいかもしれない。英♂30代)

  > ➡「言う」と回答した場合であっても、「教師との関係による」「冗談としてなら言う」といった意見が目立った。冗談などではなく、まじめに目上の相手の質問に対して "Of course." と答えるかどうかの数値は、実際にはもっと少ないだろう。

- You could say "Of course." if you were trying to be sarcastic. (皮肉のつもりなのであれば言ってもいいと思う。米♀20代)
- Using "Of course." here sounds rude. Like I'm implying, "Of course I finished it. Why are you asking me? Why wouldn't it be done." (ここで "Of course." と言うのは、失礼だと思う。まるで、「もちろん終わっていますよ。何でそんな当然のこと聞くんですか？ 終わってないわけないじゃないですか」とでも言っているように聞こえる。米♂20代)
- It sounds arrogant, as if you always do your work in good time and are proud of it. (まるで、自分はいつも余裕を持ってレポートを終わらせていて、それに誇りを持っているという感じがして、横柄な感じがする。英♀20代)
- In some cases "Of course." would be acceptable. For example, if I were given a week to write a one-page paper (or some similarly easy task where I would appear stupid if I had not finished), I might say "Of course." ("Of course." が受けいれられる状況もあるとは思う。たとえば、たった1ページのレポートを1週間で書けというような、終わっていない方がおかしいぐらいの簡単な課題についてなら、"Of course." と言うかもしれない。米♂20代)

NATIVE の結論

Yes.

バーダマン先生のExample Conversation

> 質問・確認をされたときには，シンプルにYES / NOで返答をするのが無難ですが，何かを頼まれたりして許可を求められた場合には，誰に対しても "Of course." と使って問題ありません。

☆目上の人からの確認に対する返答

A: Have you emailed your client?

B: Yes, I have.
　　A: クライアントにはもうメールを入れた？
　　B: はい，しました。

☆人に何かを頼まれた場合の返答

A: Can I borrow your pen?

B: Of course, here you go.
　　A: ペン貸してくれる？
　　B: もちろん。どうぞ。

A: Can you help me move this sofa?

B: Sure, be glad to.
　　A: このソファ動かすの手伝ってくれない？
　　B: ええ，喜んで。

2 "Oh, good." は冷たい？

Q 相手の成功をたたえたいとき，"Oh, good." では冷たく響くか。

友人が，とても難しい試験に受かったと教えてくれました。その友人に対して，"Oh, good." と言いますか。

【🇯🇵 日本人の混乱ポイント】日本語ならば「よかった」と言うような場面で，思わず "Oh, good." と言ってしまうことが多いのではないでしょうか。さて，この表現はどのようなニュアンスになるのでしょうか。

米では「言う」と答えた人が過半数を超えているのに対し，英では「言わない」という回答の人が7割を超えており，米・英で意見が分かれる結果となった。英で「言わない」と回答した人の多くが，「本気で言っているような感じがしない」，「興味がなさそう」といった理由を挙げていた。米では「言う」という回答が比較的多かったとは言うものの，米・英いずれのコメントを見ても，"Oh, good." だけでは物足りないと感じる可能性が高いようだ。

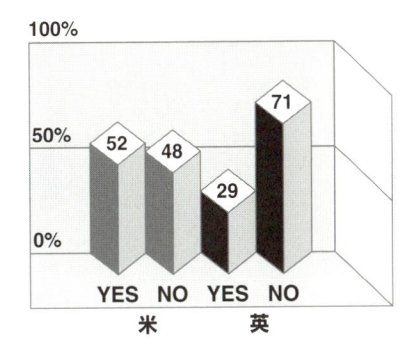

米: YES 52, NO 48
英: YES 29, NO 71

NATIVE の実際の声！

YES

- But you would need to follow up with more than just "Oh, good." Continue to say "Congratulations." or something. ("Oh, good." とは言うが，"Congratulations." など，何かさらにつけ加える必要があると思う。米♀30代)
- "Oh, good." can be considered cold, so just make sure to say it with a smile. (冷たいと思われることもあるから，必ず笑顔で言うようにすればいい。米♀20代)

➡米では「言う」という回答が多かったものの，"Oh, good." だけでは十分ではないという意見も目立った。

NO

- It sounds like you don't really care and say that only for effect. (大して関心がないのに喜んでいるポーズを取っているだけという感じに聞こえる。英♀20代)
- If it is a really difficult exam, then "Oh, good." is a bit bland. (本当に難しい試験なのだったら，"Oh, good." では少しそっけないと思う。英♀30代)
- She wants you to be proud of her. "Oh, good." makes you seem jealous. (友達はあなたにも喜んでほしいと思って言っているのに，"Oh, good." ではねたんでいるように聞こえる。米♀40代)

NATIVE の結論

Congratulations!

🇺🇸 That's great!
🇬🇧 Well done.
　　That's fantastic [brilliant]!

バーダマン先生の Example Conversation

英語ではお祝いを述べる場合，"That's great!" や "That's really good!" のように，大げさなぐらいが丁寧とされています。控えめだと心からのお祝いであることが伝わりにくく，皮肉に聞こえる可能性が高いので注意が必要です。

A: I just got a notice saying I passed the exam to Obunkan University!
B: That's really great! I'm really happy for you.
   A: 旺文舘大学の合格通知が来たよ！
   B: それはすごい！　本当によかったね。

A: My promotion finally came through!
B: Congratulations! You certainly deserve it.
   A: やっと昇進が決まったよ！
   B: おめでとうございます！当然の結果ですね。

A: That new restaurant just opened today.
B: Oh, good. Now we have a new place to try.
   A: あの新しいレストラン，今日オープンしたよ。
   B: へえ，いいね。今度試しに行ってみようよ。

3 「ごぶさたしております」は？

Q 久しぶりに会った相手へのあいさつとして "Long time no see." は失礼か。

昔お世話になった先生に久しぶりに会いました。先生に "Long time no see." と言いますか。

【●日本人の混乱ポイント】久しぶりに会った相手へのあいさつとして "Long time no see." という表現を耳にすることがありますが，このあいさつはどのような相手にも使えるのでしょうか。

　米・英ともに「言わない」という回答が多かった。理由としては，米・英ともに「くだけた表現なので用いない」という意見が多かった。代わりの表現としては，様々な物が挙がっており，一般化はできないが，目上の相手に対しては避ける方が無難であろう。

➡日本人は5割が言うと回答しており，注意が必要である。

YES 34%
NO 66%

【参考】"Long time no see." はくだけた表現であると考えられることが多いようであるが，実際，友人に対しては，米・英ともに「言う」と回答している人が9割程度まで増え，先生に対する場合とは全く逆の結果となった。

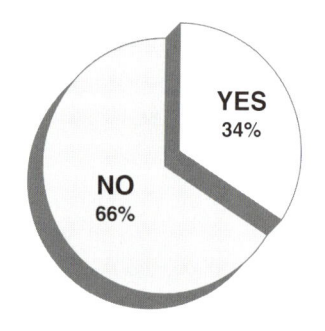

NATIVE の実際の声！

- Depending on the teacher, and your relationship, it may be inappropriate. （先生や，その先生との関係によっては不適切になりえると思う。米♂20代）
- It's more of a statement that you would say to a peer or a friend, not an authority figure like a teacher. （どちらと言えば，同年輩の相手や友人に使う表現であって，先生のように立場ある人に使う表現ではないと思う。米♂20代）
- I agree that it would sound too informal. Even though he or she is a former teacher, a certain amount of respect would still need to be shown. （僕もこの表現はくだけすぎていると思う。たとえ今はもう教わっていないにしても，ある程度の敬意は払って当然だと思う。英♂10代）
- They probably wouldn't remember me; I haven't had a teacher for many years! Also, it's a phrase to use with someone you are (or have been) fairly close to, not with a more distant relationship such as teacher-student. （相手は自分のことを覚えていない可能性が高いと思う。私なんて，「先生」に教わったのはずいぶん昔のことだし。それに，この表現は，わりと親しくしている［していた］相手に用いる表現なので，教師と生徒のようにもっと距離のある間柄で使うべき表現ではないと思う。英♀30代）
- It sounds like you are good friends but you are only acquaintances. （"Long time no see."と言うとまるで仲のよい友達同士みたいに聞こえるけど，先生と生徒の関係は知り合いの域を越えないと思う。英♂10代）

➡年齢層に関わらず，先生に対して "Long time no see." という表現を用いることに関しては抵抗のある人が多いようだ。

NATIVE の結論

It's been a long time.

🇺🇸 Nice [Good] to see you (again).
🇬🇧 I haven't seen you for a while [a long time].

バーダマン先生の Example Conversation

> 日本語の「久しぶり」を英語にする際、ただ長い間会っていないことを言いたいのか、それとも会えてうれしいことを強調したいのか、それぞれ強調したい内容によって表現も変わります。

☆長い間会ってないことを強調する表現

A: Hey, Peter! How've you been?
B: <u>Long time no see</u>, Gary! Not bad. How about yourself?
 A: やあ、ピーター！　元気にしてた？
 B: 久しぶりだね、ゲイリー！　まあまあかな。君は？

A: Mrs. Thomas, <u>I haven't seen you for a while.</u>
B: Yes, I've been out of the country for several months.
A: Welcome back!
 A: トーマスさん、ごぶさたしてます。
 B: ええ、何ヶ月か国外にいたもので。
 A: おかえりなさい！

☆会えてうれしいことを強調する表現

A: Sasha, <u>great to see you</u>!
B: Hi, Mort! Same here. What's up?
A: Not much. You know, the same old thing.
 A: サーシャ、会えてうれしいよ！
 B: こんにちはモルト！　私も会えてうれしいわ。最近どう？
 A: 特に何もないよ。相変わらずだよ。

節目の年齢

　日本では人生の節目の年齢とはいくつでしょう？　18歳？　20歳？　はたまた還暦の60歳？　当然のことですが、文化が違えば節目とみなされる年齢というのも違います。

　日本に比べ、アメリカでは誕生日を盛大にお祝いする習慣がありますが、特に女の子の16歳の誕生日は sweet sixteen と言われ、かつては「大人の女性としての魅力が備わる年齢」とされていました。最近では、結婚年齢が遅くなったこともあり、以前ほど「節目」としての意味は薄れましたが、16歳の誕生日には女の子はいつもよりオシャレをし、また親も必死で誕生日会の準備をするなど、親子そろって16歳の誕生日を盛り上げます。

　また、より現代的な意味で大人になる節目の年というのは、21歳です。日本人からすると半端な数字に思われるかもしれませんが、アメリカでは若者が法律上、正式に「成人」になるのが21歳の誕生日なのです。日本のような、町を上げての「成人式」こそないものの、やはり個人でパーティーを開くなどして新成人の新しい門出を元気に祝います。また、お酒も21歳から解禁になるので、待ちに待ったという具合で飲み屋さんに直行する人もいます。（→P43コラム参照）

　さて、中年を迎えてからはこれといった特別な誕生日はありませんが、日本で「四十路」、「五十路」などの表現があるように、アメリカにも10年ごとの年齢を人生の節目と考える傾向があります。40歳は the Big Four-0 [oʊ]、50歳は the Big Five-0 [oʊ] と呼ばれ、日本と同じく、その響きにはどこか説明しがたい重みがあるようです。

4 "OK." は失礼？

Q 目上の人に対しての返事でも "OK." は使えるか。

授業の後，先生に教材を職員室まで運ぶのを手伝ってほしいと頼まれました。もしも，喜んで引き受けるのであれば "OK." と返事をしますか。

【● 日本人の混乱ポイント】"OK." はくだけた表現なので，目上の相手には用いない方がよいと言われることがありますが，実際はどうなのでしょうか。

米・英ともに「言う」という回答が圧倒的に多かった。ただし，「言う」と回答した場合であっても，世代間で多少の意見の違いが見られた。
➡日本人は約4割が言わない，と回答しているが，日本人の感覚以上に受けいれられている表現のようである。

NO 9%
YES 91%

NATIVE の実際の声！

- It is seen as common English and not rude, a simple way of reply to say you will do something.（よく使う表現で失礼ではない。何かをやるということをストレートに伝える表現。英♂10代）
- This would be acceptable today, although it may not have been acceptable a few decades ago.（今でこそ受けいれられるだろうが，数十年前なら受けいれられなかったかもしれない。英♀30代）
- "OK." has become a normal part of speech and is no longer too casual. Some teachers might object, I suppose.（今ではふつうの話し言葉の1つになっていて，もはやくだけすぎということはない。ただ，先生の中にはあまり好ましく思わない人もいるのではないかと思う。英♀30代）
- It's very common now. "No problem." or "Certainly." might be slightly more formal and polite, but "OK." is acceptable.（現在ではとても一般的な表現。"No problem." や "Certainly." の方がもう少しかしこまった丁寧な表現かもしれないが，"OK." でも問題はない。米♀30代）
- To be more polite, you could even say "Yes, no problem."（もっと丁寧に言いたいのであれば，"Yes, no problem." でいいと思う。米♀40代）
- Better to sound more enthusiastic, like "Sure!"（"Sure!" のようにもっと熱意の伝わる表現の方がいいと思う。米♀50代）

▶同じように「言う」と答えても，若い世代では "OK." を使うことに抵抗が少なく，上の世代では代替案を出すなど "OK." を使うことに対して慎重な意見が多いようだ。

NATIVE の結論

OK.

No problem.
Sure.
Certainly.

3章 こなれた英語のカン違い

FURTHER THINKING

頼みごとをする際に "OK." は使えるか？？

【シチュエーション】"Is it OK if I ask you to do something?" という依頼の仕方は，強制的な感じがするので避けた方がよいと言われることがあります。実際はどうなのでしょうか。

> **Q** 学食で一生懸命宿題を早く終わらせようとしているときに，クラスメートのTonyの姿を見かけました。暇そうにしていたので，何か冷たい飲み物でも持ってきてもらおうと思います。ここで "Tony, is it OK if I ask you to get me something cold to drink?" と頼みますか。

米では圧倒的多数が「言わない」と回答しており，「丁寧すぎる」，「回りくどい」といった意見が目立った。英では完全に意見が分かれ，「相手が依頼に応じてくれると決めつけているみたい」という意見も目立ったが，「言う」という回答も半数あり，米・英で大きな差の出た表現と言える。代わりの表現は非常に多く挙げられたが，米・英ともに "Would you mind getting me something cold to drink?" という表現が多く見られた。

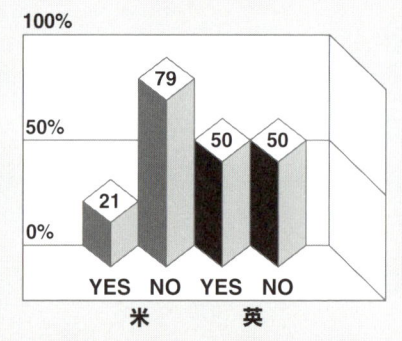

米: YES 21, NO 79
英: YES 50, NO 50

バーダマン先生の Example Conversation

> 承諾の返事は，明確にその意志を伝える表現がよいとされています。特に目上の人に対しては，ただ承諾するだけではなく，意欲的な印象の返答をするのがよいでしょう。

A: Want to go for a beer?

B: <u>Okay.</u> Let me get my coat.
 A: ビール飲みに行かない？
 B: オッケー。ちょっとコート取って来るよ。

A: Mind if I sit here?

B: <u>No problem.</u>
 A: ここに座っても構いませんか？
 B: 構いませんよ。

☆目上の相手に対する承諾の表現

A: Can I count on you to work on Saturday?

B: Certainly, Mr. Roberts. I can do that.
 A: 土曜出勤してもらえるかな？
 B: もちろんです，ロバートさん。できますよ。

5 "I see." はあいづち？

Q あいづちを打ちたいときに，**"I see."** は使えるか。

Mary と Laura がおしゃべりをしています。
Mary: "I went to the movie with Robin yesterday. He's so nice …."
Laura: "I see."
Mary: "We're meeting again tonight."
この Laura の "I see." の使い方は適切だと思いますか。

【●日本人の混乱ポイント】日本人は "I see." をあいづちのように用いてしまうことが多いが，"I see." は何かを理解したときに用いる表現なので，そのような使い方は間違いであると言われることがあります。実際はどうなのでしょうか。

　米・英ともに「適切でない」という回答が多かった。理由としては，「"I see." は難しい考えや説明を理解した際に用いる表現なので，このように単に他人が意見を述べているときに用いるのはおかしい」という意見が多かった。したがって，このような場面で "I see." を用いてしまうと単なるあいづちというよりは何かもっと深い意味を理解したというニュアンスになることが多いようである。

➡日本人は5割以上が「適切である」と回答しているが，単にあいづちのつもりで使ってしまうと思わぬ誤解を招いてしまう可能性が高い。

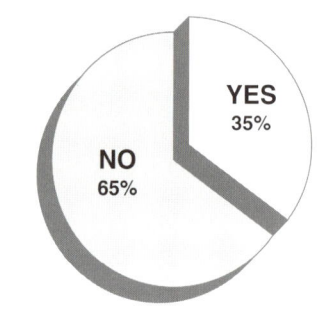

YES 35%
NO 65%

NATIVE の実際の声！

YES

- "I see." could work ... For example, if my girlfriend told me that she was pregnant and it came as a complete shock. I would probably say "I see." and then take a few moments to gather my thoughts. ("I see." は使えないことはないと思う…（中略）…たとえば，僕が彼女から「妊娠した」と明かされて，ショックを受けた場合などには，おそらく "I see." と言って，考えをまとめるのにしばらくかかると思う。米♂20代)

NO

- It suggests that maybe this was a "significant" date and that perhaps Mary has a crush on Robin. ("I see." を使うと，今回のデートが「特別な」デートで，Mary が Robin に夢中だということがわかったと言っていることになる。米♀30代)
- "I see." could be appropriate if it were expressed in a joking, teasing manner by Laura to suggest that she has inferred some more than has been said about Mary's feelings for Robin. (Mary の Robin に対する気持ちはわかったと，Laura が冗談めかしてからかうように言うのなら適切だと思う。英♀30代)
- If Laura has just understood the nature of the relationship between Mary and Robin by Mary telling her about the date then the use of "I see." is appropriate. (Mary から Robin とのデートの話を聞いて，2人がどういう関係なのか Laura が初めて気がついた，ということなら "I see." は適切だと思う。英♀10代)
- It is like she isn't listening to her friend. (友人の話を聞いてないような印象を受ける。米♂20代)

NATIVE の結論

(Oh,) is he?
(Oh,) really [yeah]?
Uh-huh.

バーダマン先生のExample Conversation

あいづちは，相手に「聞いている」ということを示す程度に留め，あまり会話をさえぎらないことが重要です。実際にはアイコンタクトや表情のちょっとした変化などで十分な場合が多いと言えます。

A: John mentioned he might drop by tomorrow.
B: Oh, did he?
A: But he hasn't called or anything.
B: Hmm.
A: But you know how John is.
B: ...
A: He just drops by without letting anyone know ahead of time.
B: Uh-huh.

    A: ジョンが明日来るかもしれないって言ってたよ。
    B: へえ，そうなの？
    A: だけど電話も何もないんだよね。
    B: あら。
    A: ジョンに関して言えば，毎度のことだけど。
    B: …
    A: 彼はいつも誰にも事前に知らせずに，ひょっこり来るんだよね。
    B: そうだね。

身振りは言葉ほどにモノを言う

　「言葉がわからなくても，身振り手振りで言いたいことは通じた！」海外旅行帰りの人と話していると，このような感想をよく耳にします。確かに，ジェスチャーの大切さは海外に行くとあらためて実感するものです。しかし大切だからこそ忘れてはいけないのが，ジェスチャーは国や文化によって異なり，使い方次第では誤解を招く恐れがあるということです。

　たとえば，日本人は「いいえ」の意味で顔の前で小さく手を振る動作をします。日本では当然のように考えられているこの動作ですが，アメリカ人の目には，「さようなら」と言われているように写ってしまいます。実際にアメリカで「いいえ」と表したいときは，頭を左右に振る動作で表します。ほかにも日本人がよく使う「こっちに来て」の招き手のジェスチャーは，アメリカ人には「あっちに行け」という全く逆の意味になったりもします。

　このように，共通認識がないと，思いがけない誤解を招いてしまうのがジェスチャーの怖さです。しかし，逆にジェスチャーの意味さえわかっていれば，理解の助けになるものもあります。

　アメリカ人は日常会話の中で，uh-huh [ʌhʌ́↗] と uh-uh [ʔʌ́ʔʌ↘] のあいづち表現をよく使います。uh-huh は「うん」，uh-uh は「ううん」と正反対の意味ですが，ちょっと耳にしただけでは日本人には発音の区別が難しい表現です。uh-huh は頭の上下運動，uh-uh は頭の左右運動と覚えておけば，聞き慣れていない人でも，それぞれを正しく解釈することができるでしょう。

　ジェスチャーは「諸刃の剣」です。言葉だけでなく，正しいジェスチャーも身につけて，言葉と身振り両方で「英語を話す」ことが大切です。

6 wannaはこなれた英語？

Q wannaはどんな状況でも使えるか。

大学入試の面接試験の最中です。「全力を尽くします」と言いたいのですが，ここで "I wanna do my best." と言いますか。

【● 日本人の混乱ポイント】want toは口語では，略されてwannaと言われることがあります。口語表現をたくみに使えるようになりたいと考えている人は多いと思いますが，この表現はどのような場面でも使えるのでしょうか。

米・英ともに大多数の人が「言わない」と回答している。理由としては，「くだけすぎた表現」，「このようなスラングは面接のような正式な場面で使うべきでない」という意見が圧倒的に多かった。英では「アメリカ英語だから使わない」というコメントも比較的目についたが，いずれにしても，wannaは，このようなあらたまった場面では使わない方がよいと言えるだろう。

YES 12%
NO 88%

➡日本人は3割以上が「言う」と回答しており，注意が必要である。

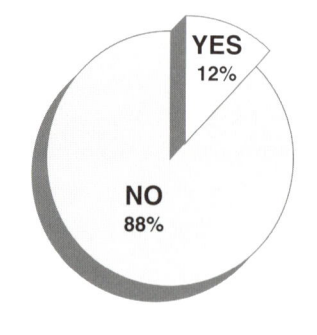

【参考】同じ状況でgonnaについても聞いてみたが，米・英に関してはほぼ同じ結果となった。ただし，日本人は5割以上が「言う」と回答しており，wanna以上に注意が必要である。

NATIVE の実際の声！

- "Wanna" in formal settings are a "no no"!（かしこまった場でwannaは禁句。米♂20代）
- Two words should not be meshed into one word in a formal setting.（かしこまった場では，2単語を縮めて使うべきでない。米♀30代）
- It's very informal and sounds like you are not very educated. Would give the interviewer the impression that you do not have a very extensive knowledge of the English language.（とてもくだけた表現で，あまり教養のない感じがする。面接官に対して，英語のことをあまり知らないという印象を与える可能性が高い。英♂30代）
- In any interview, it is better to avoid all slang unless you are applying for a very low paying job or you are not too smart or educated. You would only use slang in an interview situation if you did not know any better.（どのような面接であれ，いかなるスラングも使うのは避けるべきだ。もっとも，とても低賃金の仕事だったり，自分自身が利口でもなければ教養もないという場合は別だが。面接でスラングを使うのは，もっとましな表現を知らないというときだけ。米♀40代）
- It's considered rude to use informal language at an interview and British people don't often say "wanna."（面接でくだけた表現を使うのは失礼だと考えられているし，イギリス人はあまりwannaという表現は使わない。英♀20代）

NATIVE の結論

I want to do my best.

バーダマン先生のExample Conversation

単語の省略形はTPOをきちんと考えて使い分けることが必要です。特に漫画や小説ではない限り、書き言葉では使えないので注意が必要です。

A: Hey, Yvonne, *wanna* go shopping?
B: Yeah, *le'sgo*. [let's go]
A: I *gotta* get my car keys. [(have) got to]
B: Okay, *meetya* at the car. [(I'll) meet you]
 A: ねぇイボンヌ、買い物行かない？
 B: うん、行こう。
 A: 車のキーを取って来ないと。
 B: 了解、じゃあ車集合ね。

A: Bye, Professor Jones. *Seeya*! .... I mean, I'll see you later.
B: Goodbye, Ted. I'll see you next week.
 A: では、ジョーンズ教授。またね！…じゃなくて、それではまた。
 B: さようなら、テッド。また来週。

A: You *gonna* go somewhere this weekend?
B: Nah, I'm *gonna* stay home and chill out.
 A: 今週末はどこか出かけるの？
 B: いや、家でのんびりと過ごすよ。

ONE POINT COLUMN

スラング的な表音語

　どの国にも，「書き言葉」に対して「話し言葉」というのがあります。話し言葉の1つの特徴は，もとの言葉を発音しやすい音に変えることです。たとえば，英語では，gonna（＝going to），wanna（＝want to），havta（＝have to）などがよく使われますが，これは日本語で言うところの「じゃあ」（＝それでは），「さよなら」（＝さようなら）のようなものにあたります。

　このような省略表現は正式な表現とは認められにくいため，アメリカでは年齢と共に使う頻度は減り，主に親しい友達や同年代の人たちとの会話でしか使わなくなりますが，rock'n'rollやwine'n'cheeseのように，表現によっては完全に単語として定着しているものもあります。よく耳にするgotcha（＝"I've got you."「了解！」）やseeya（＝"See you."「じゃあね」）も，それぞれ標準語を変化させたもので，やはり大人になってからでもよく使います。これらの表現は，音を変えることに加え，主語のIが省略されています。省略の理由はいたってシンプル。発音しやすくするためです。

　省略表現は会話をしやすくするための単純なテクニックですので，「標準語」に変わりありませんが，話し言葉の中には，「卑俗（vulgar）」「非標準（nonstandard）」と見なされる言葉もあるので注意が必要です。たとえば，ain't（＝am not）という表現。かつてはisn'tやaren'tと同じように標準語として扱われていましたが，今では，「少なくとも教養ある英語ではない」と見られてしまいます。もちろん，社会や階層によって言葉のとらえられ方も違うので，一概に「間違い」とは言えませんが，用いる際には注意が必要と言えるでしょう。

7 you know はかっこいい？

Q　you knowはどのような印象を与えるか。

1か月前，野球の練習中に骨折をしてしまいました。また早く野球ができるようになりたいあなたは，お医者さんにあとどのくらいで治るのか聞いてみたところ，次のような返答をもらいました。
I understand how frustrated you must be feeling, but, **you know** it's difficult to tell. Some injuries heal very quickly, but, **you know**, that's not the case with everyone. Try to be patient for a little longer. （早く治りたくてうずうずしているのはよくわかるよ。でも，ほら，いつ治るのかは一概には言えないのだよ。すぐに治るけがだってあるけど，ほら，人によりけりだからね。もう少し辛抱してごらん。）
このお医者さんのyou knowの使い方は適切だと思いますか。

【🇯🇵 日本人の混乱ポイント】you knowという表現は，会話などでよく耳にし，いかにも流ちょうに英語を操っているように思われるせいか，日本人は使いすぎだと言われることがあります。実際にはどのようなニュアンスの表現なのでしょうか。

　米・英ともにほぼ半々に意見が分かれたが，「不適切」という意見がわずかに多かった。また，「適切」と回答している場合であっても，否定的なニュアンスのコメントもわりと多く見られ，可能ならば，避けるべき表現の1つと言えるだろう。
➡日本人は8割近くが「適切である」と回答しており，特にくり返し用いすぎるとあまりよくない印象を与える可能性が高いので注意が必要である。

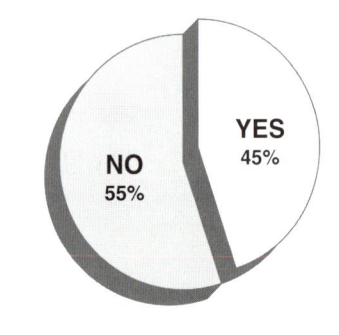

YES 45%
NO 55%

NATIVE の実際の声！

YES

- It makes the patient feel on a level. (患者の目線に立っているという感じがする。英♀20代)

    ➥ 上記のような意見も見られる一方で，この例ぐらいの数ならよいが，これ以上増えると問題あると回答している人が多かった。

NO

- It is a bit irritating, and perhaps you'd expect a doctor to be too old to say "you know" all the time. (この話し方は少々いらいらするし，医者だったら話している間中 you know というような歳でもないと思う。英♂30代)
- I would expect a clearer explanation from a doctor. He's a doctor: he should "know" and then explain it to me. (医者には，もっと明確な説明を求める。彼が「医者」なのだから，you（患者が）know（わかっている）のではなく，彼こそがわかっているべきだし，きちんと説明をしてほしいと思う。米♂30代)
- It is not very formal and gives the impression that you don't know what you are saying. (あまりあらたまった表現ではない。自分が何を言っているかもよくわかっていないという印象を相手に与える。米♂20代)

    ➥ 「医者」という知的職業だから，特に「不適切」と感じる人が多いようだ。

NATIVE の結論

もとの文から you know を除いたら問題はない
（＊ただし，言葉につまったときは黙ってしまうよりも，you know, もしくは "Well." や "Let me see." などで言葉をつなぐ方がいいかもしれない）

バーダマン先生のExample Conversation

つなぎの言葉には，発言を和らげカジュアルでリラックスした話し方にする働きがありますが，あまり多用しすぎると冗長な印象が強くなり，話している内容も不明瞭になるので注意が必要です。

A: What do you want to do tonight?
B: <u>Well ...</u> we could rent a video?
 A: 今夜何したい？
 B: そうね…ビデオでも借りる？

A: Do you have everything packed and ready for departure?
B: <u>Let me see ...</u> passport, money, clothes ... oh no, I forgot my dictionary!
 A: 出発の用意はもう全部済んだ？
 B: えーっと…パスポートでしょ，お金，服…おっと，辞書を忘れた！

A: <u>Let's see ...</u> there is the post office, but where is the bank?
B: Oh, look! It's across the street.
 A: さてと…郵便局があって，で，銀行はどこ？
 B: あ，ほら！ 通りの向こうにあるよ。

A: Interested in having a soft drink to cool off with?
B: <u>Hmmm ...</u> Yes, that's a good idea.
 A: 何か冷たい物でも飲んで休まない？
 B: うーん…そうだね，いい考えだ。

4章

直訳英語の行き止まり

1 cute はどんな物にも使える？

Q 物を褒めたいときに cute は使えるか。

かわいいバッグを目の前にして，"The bag is cute." と言いますか。

【 🔴 日本人の混乱ポイント】cute は日本語の「かわいい」に相当する単語ですが，どのような場合でも使えるのでしょうか。また，この語は女性が用いることが多いと言われることもありますが，実際はどうなのでしょうか。

米・英いずれも，bag に対しては cute とは「言わない」という回答が多かった。理由としては，「cute は生き物以外には使わない」という意見が最も多く，さらに「cute は女性的な表現」という理由から，特に男性の9割が「言わない」と答えた。また，「cute はアメリカ英語」というコメントも見られ，米に比べ，英で cute を使わない人が多かったのはこのことが関係していると考えられる。

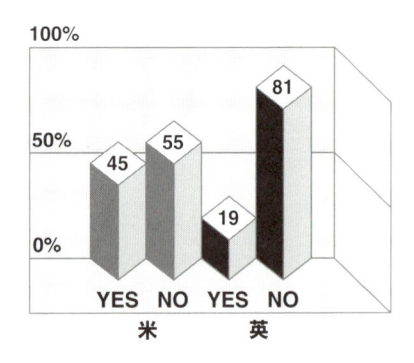

米: YES 45, NO 55
英: YES 19, NO 81

➡ 日本人では，女性では6割，男性でも4割が「言う」と回答しており，米・英との意識の差が大きい。

【参考】赤ちゃん（baby）や子犬（puppy）に対しても同じ質問をしたところ，その場合にはどちらも圧倒的多数が「言う」と回答しており，この場合の男女差はあまり見られなかった。

NATIVE の実際の声！

YES
- Yes(, but I am a woman). A man may not say "The bag is cute." because he might feel he's being too girly. (But I think some men might say this.) （言うが，私は女性なので。男性であれば女性的すぎる感じがするので，"The bag is cute." とは言わないかもしれない。（ただし，男性でも言う人はいるとは思う。）米♀30代）

NO
- "Cute" is usually used to refer only to babies and small animals. （たいてい cute は，赤ちゃんや小動物に対してのみ使われる語だと思う。英♀30代）
- It's a thing, not a person or an animal. Sounds too girly. （バッグは物であって，人や動物ではないから言わない。とても女性っぽい表現。英♂30代）
- Men don't often use the word "cute" when referring to inanimate objects. （男性は生き物以外のことをさして cute という言葉を使うことはあまりないと思う。米♂20代）
- Females definitely say "The bag is cute." No man that I know would say that as it's too effeminate. （女性であれば確かに "The bag is cute." という表現を使うが，女性的すぎる表現なので，自分の知り合いの男性では誰も言わないと思う。英♀30代）
- Makes you sound a bit gay. （少しゲイっぽい感じがする。英♂10代）
- Unless it had a cute picture on it. （cute なプリントでもついていなければ言わない。英♀10代）

NATIVE の結論

The bag is nice.
That's a nice bag.

バーダマン先生の Example Conversation

英語の cute は日本語の「かわいい」よりも使える範囲がせまく，何か大きい物について言う場合にはあまり使いません。英語で何かを褒める場合，1つの表現だけを使うのでなく，さまざまな言葉で形容するようにしたいものです。

☆物を褒める際の表現

A: That's a good-looking handbag, Rita!
B: Thanks, my mom bought it for me for my birthday.
 A: 素敵なバッグだね，リタ！
 B: ありがとう。お母さんが誕生日にくれたの。

A: Nice scarf, Wally!
B: Thanks, Jack. I decided to get something bright for a change.
 A: そのマフラーいいね，ウォーリー！
 B: ありがとう，ジャック。気分を変えて明るい感じのを選んでみたんだ。

☆人に対して用いる場合の表現

A: Carey, look at that cute boy over there by the counter.
B: I thought you were going out with Frank?
A: Frank who?
 A: キャリー，あそこのカウンターのとこにいる男性，いい感じじゃない？
 B: あなた，フランクとつき合ってるんじゃなかったの？
 A: フランクって誰のこと？

2　differentはどういう意味？

Q いつもよりおしゃれしている相手にdifferentは使えるか。

ふだんよりもおしゃれをして歩いていると，通りかかった友人に "You look different today." と言われました。どのように感じますか。以下のa)～d)から一番近いものを選んでください。
a) うれしくなる
b) 悲しくなる
c) 褒めてくれているのか知りたい
d) いずれでもない

【● 日本人の混乱ポイント】米・英では個性が重んじられることが多いというイメージがありますが，ではdifferentと言われた場合，どのように感じるのでしょうか。

　米・英ともに最も多かったのはc)の「褒めてくれているのかどうか知りたい」という回答だった。このことからdifferentという言葉単独では，特によいニュアンスも悪いニュアンスもないと感じている人が多いと言える。ただし，b)の「悲しくなる」という回答がゼロに近い一方で，2割近くの人がa)の「うれしくなる」と選んでいる点は興味深い。

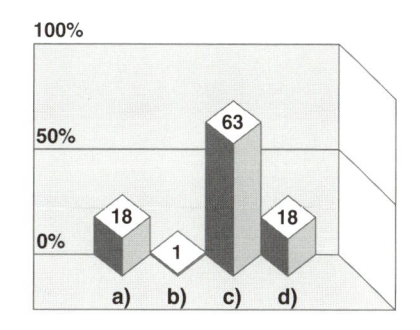

a) 18　b) 1　c) 63　d) 18

➡日本人は6割以上がa)の「うれしくなる」と回答しているが，日本人の感覚でdifferentを使って褒めたとしてもその意図は伝わらない可能性が高い。

4章　直訳英語の行き止まり　103

NATIVE の実際の声！

a)
- I change my hair quite often and it makes me very happy when people notice.（私はけっこう頻繁に髪型を変えるので，人が気がついてくれるととてもうれしい。米♀20代）
- It means my friend has noticed I have dressed up.（おしゃれをしていることに友人が気づいてくれたということになる。英♀20代）

c)
- "Different" is an ambiguous word and she might not mean it in a positive light although probably otherwise she wouldn't say it.（different はあいまいな意味の単語なのでいい意味で言ったのではないのかも知れないが，いい意味でないとしたらわざわざ言わないと思う。英♀20代）
- "Different" could mean anything, fat, ill, sad etc.（太って見える，具合が悪そう，悲しそうなど，different はどんな意味にでもなりうる。英♂30代）
- How is his face, is he smiling, is he looking at my clothes or my hair or what?（彼の意図は，笑顔かどうか，服装や髪型を見ているかなど，表情によると思う。英♂30代）
- "You look different." implies that I never dress up, and am always sloppily dressed.（"You look different." と言うと，ふだんが全くおしゃれをしていなくて，いつもだらしない格好をしていると暗に言っている。米♀30代）

NATIVE の結論
自分の受け取り方次第
（＊相手を褒めたい場合には "You look great." といった表現の方がわかりやすいだろう）

バーダマン先生のExample Conversation

differentは使われ方によって色々な意味に取ることができます。よりはっきりしたことを言うためにはその後に理由をつけることが必要です。また，イントネーションにより，印象も変わります。

A: Maria, your hair looks different today.
B: I got it cut yesterday.
A: Oh, now I see. I couldn't figure out exactly what it was.
 A: マリア，今日はなんだか髪形が違うね。
 B: 昨日切ったのよ。
 A: ああ，そうか。どおりで何か違うと思った。

A: You look different today.
B: Thanks ... I think.
A: I meant it as a compliment, because you seem more relaxed.
 A: 今日は感じが違うね。
 B: ありがとう…でいいんだよね。
 A: うん，褒めたの。なんだかいつもよりリラックスしている感じがする。

A: You look different somehow.
B: What do you mean?
A: You seem more "professional."
B: That's because I don't usually see you during the week. I'm on my lunch break right now, so I'm still in "business mode."
 A: なんだか感じが違うね。
 B: どういう意味？
 A: いつもより「プロっぽい」感じ。
 B: いつもは平日に会わないからだよ。今は昼休み中だから，まだ「ビジネスモード」なの。

3 difficultは断りになる？

Q 遠まわしに断りたいときには，difficultで通じるか。

あと10分で大切な試験が始まってしまうのに，会場まで歩いて行ったのでは絶対に間に合いません。そこでタクシーを使うことにしたのですが，運転手さんに「10分以内で行ってください」と言ったところ "It's difficult to get there in 10 minutes." と言われました。運転手さんは，以下のa), b)のどちらのつもりで言ったと思いますか。
a) 10分で行くのは不可能
b) 10分で行くのは簡単なことではない
c) どちらでもない

【●日本人の混乱ポイント】日本語では，遠まわしに断る際に「…するのは難しい」という言い方をすることがありますが，同じように英語のdifficultを使うことができるのでしょうか。

　米・英ともにb)の「簡単なことではない」という回答が圧倒的に多く，「絶対に間に合うという保証はないと言っている感じがする」「difficultには不可能という意味はない」という理由が多かった。

➡日本人は8割近くがa)の「不可能」ととらえると回答しているが，日本語の「難しい」と同じように遠まわしに何かを断るつもりでdifficultを用いても，その意図が米・英の人には伝わらない可能性が高い。

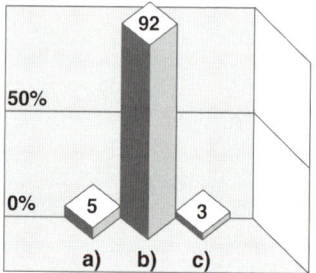

a) 5　b) 92　c) 3

NATIVE の実際の声！

- "Difficult" doesn't equal "impossible" in English.（英語の difficult は impossible と同じ意味にはならない。英♂20代）
- He would have said impossible if it was impossible.（無理なら無理と言うはず。英♀20代）
- There is the implication that although it is possible, it is not easy to achieve.（可能ではあるけれども，簡単ではないというニュアンスがある。英♀10代）
- He thinks that it is hard and that he doesn't want to promise you that you will make it there on time.（運転手は困難だと判断したので，時間内に着けるという約束はしたくないのだと思う。米♂20代）
- I'd be relatively encouraged by his response — i.e. I'd expect him to drive fast so that he could get there fast (and I might give him a big tip — in fact that might be what he wants by saying "It's difficult.")（このように言われたら少し期待を持つ。運転手は間に合うように急いでくれるだろうし，そうすれば僕もチップをはずむと思う。実際，この運転手の発言の意図はそこにあるのではないかとも思う。英♂40代）
- If the taxi driver believes there's a chance of not arriving in 10 minutes, it's necessary to warn you because he doesn't want a dissatisfied customer who, in turn, may not give him (much of) a tip.（もしも運転手が10分では間に合わない可能性があると判断したのであれば，乗客が不満を持たないように事前にそのことを注意する必要があると思う。もし不満な場合はチップをくれない場合もあるので。米♀30代）
- What it really sounds as though he is saying is, "I need a large tip." to insure you get to your destination.（ここでの運転手の真意は，「時間までに目的地まで行きたいならチップは多めにいる」と言っているように聞こえる。米♀40代）

NATIVE の結論

自分の意図次第
（＊英語で difficult を使うと，「不可能ではない」ととらえられることが多い）

バーダマン先生のExample Conversation

英語で頼まれごとを断りたいときは、はっきりと無理だと言い切ることが必要です。また、なぜ無理なのかの理由をつけるとぶしつけにもなりません。

☆無理だと断る場合

A: Could you have this coat dry cleaned by tomorrow morning?

B: I'm sorry but <u>that's just not possible</u>.

    A: このコート，明日の朝までにクリーニングをしていただけませんか？
    B: すみません，ちょっとそれは無理ですね。

A: Couldn't you do this job today?

B: It's <u>impossible</u>, I'm afraid. My schedule is tight as it is.

    A: この仕事，今日やっていただけませんか？
    B: 申し訳ないのですが，無理です。スケジュールがぎっしりなんです。

☆可能性が少しでもある場合

A: Would you be able to take care of this job?

B: It would <u>be difficult, but I'll give it a try</u>.

    A: この仕事なんとかなりそうかな？
    B: ちょっと難しそうですけど，やってみます。

ONE POINT COLUMN

おしゃれにことわざ

　日本語では何か説明をしたいときや，相手を説得したいときに「ことわざ」を引き合いに出すことがよくあります。これは英語でも同じで，ネイティブは会話にことわざを用いることがあります。よく耳にするのは，"There's no crying over spilt milk."（覆水盆に返らず）や "Time flies."（光陰矢のごとし）などです。日本語にもそれぞれに対応することわざがあるところを見ると，どの文化でも発想は同じと言えるかもしれません。

　英語学習者はことわざをたくさん覚えようとしますが，実際のところ，ネイティブはことわざをそのまま使うことはあまりしません。たとえば，先ほどご紹介した "There's no crying over spilt milk." だったら，"That's spilt milk." といった具合に省略して使います。

　また，使い古された「陳腐な」決まり文句を避けるために，すでにあるフレーズにかけて，同じような意味のことわざをオリジナルで作り出して使ったりもします。たとえば，"He fell for her story hook, line and sinker*."（彼は彼女の作り話を丸ごと信じ込んだ）という定番のフレーズを，"He fell for her story as if it were a page from the Bible."（彼は彼女の作り話を，まるで聖書の一節であるかのように信じ込んだ）などともじって用いることもしばしばです。

　ただことわざを覚えるだけでなく，このようなネイティブのエスプリの効いたおしゃれフレーズがわかるようになると，英語で会話することの面白さがさらに広がります。

*hook, line and sinker: 釣り針，釣り糸，おもり全部を飲みこむということで，話をうのみにするというたとえ

4 "Everyone ..." と呼びかけるのは失礼？

Q 聴衆に呼びかけるときは **"Everyone, ..."** でよいか。

フォーマルなパーティーでスピーチをすることになりました。観客に向かって呼びかける際に "Everyone, ..." と言いますか。

【● 日本人の混乱ポイント】日本語であれば，不特定多数の人たちに「みなさん」と呼びかけることは全くおかしくありませんが，"Everyone, ..." の場合はどうなのでしょうか。

　米・英ともに「言わない」という回答が過半数を超えた。理由としては，「"Everyone, ..." はくだけた表現なので失礼」という意見が大多数であった。

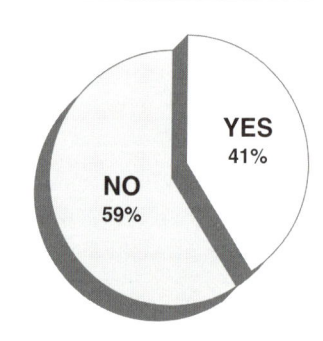

YES 41%
NO 59%

NATIVE の実際の声！

YES

- Yes, but I've never had to give a speech like this before!! ("Everyone, ..." でも問題ないかもしれないが，今までにこのようなスピーチをしなくてはならない状況になったことがない。英♂20代)

▶ 英では比較的「言う」という意見も多く見られた。

NO

- It sounds a bit impolite as you may be strangers with many of the people. (聴衆の多くとは初対面かもしれないことを考えると，少し失礼な気がする。英♂10代)
- It is too casual to say "everyone" or "everybody." (everyone や everybody は表現自体がカジュアルすぎると思う。米♂20代)
- Sounds rude considering the formal setting. (フォーマルな場面なので失礼に響く。英♀20代)
- It would be entirely too informal. (くだけすぎだと思う。米♂20代)
- It would be considered extremely rude in these circumstances. (このような状況ではとても失礼だとみなされると思う。米♀30代)
- If I were to refer to the audience indirectly, as is "as everyone here would agree", it's fine. However, as an opening, I would expect something more. (as everyone here would agree のように間接的に聴衆のことをさすのであれば問題はないが，スピーチの出だしとしてはもっと違う表現が望ましい。英♂30代)

NATIVE の結論

Ladies and Gentlemen, ...

FURTHER THINKING

カジュアルな場面ではどうか？？

【シチュエーション】フォーマルな場面でスピーチをするようなときには "Everyone, ..." は失礼だと思う人が多いようですが，友人たちに呼びかけるようなときはどうでしょうか。

Q 友人たちがカジュアルな誕生パーティーを開いてくれました。何か一言スピーチでも，と言われたのですが，友人たちに向かって呼びかける際に "**Everyone, ...**" と言いますか。

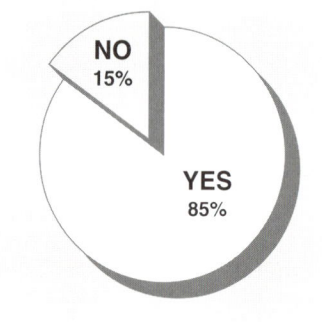

NO 15%
YES 85%

バースデーパーティーのようなカジュアルな場面では「言う」という回答が8割程度まで増える結果となった。「くだけた表現だけど友人に対してであれば，問題ない」という意見が挙げられており，やはりかなりくだけた表現ではあるようだ。

バーダマン先生の Example Conversation

> 英語でスピーチをする場合，そのシチュエーションにより，呼びかけの際の呼称は異なります。また毎回同じ呼称を用いるのではなく，言い換えて使うのがよいでしょう。

☆一般的なスピーチ

Thank you for coming, everyone. I hope that you all have a good time this evening.
　皆さん，おいでいただいてありがとうございます。今夜は楽しんでいってくださいね。

☆フォーマルな場でのスピーチ

Ladies and Gentlemen, I would like to take this opportunity to thank you for attending this evening. I hope that everyone has a pleasant time.
　皆様，本日はご列席いただき誠にありがとうございます。この場を借りまして厚く御礼申し上げます。どうぞ楽しい一時をお過ごしください。

☆カジュアルな場でのスピーチ

Thanks for coming, you guys. Hope you all have a great time tonight.
　みんな，来てくれてありがとう。今夜は楽しんでね。

5 「すみません」と言いたいときは？

Q 謝りたいときには "Excuse me." と "I'm sorry." のどちらが適切か。

駅で人にぶつかってしまいました。もしも相手が倒れてしまったら，以下のa)～d)のいずれの表現で謝りますか。
a) Excuse me.　　　　　　b) I'm sorry.
c) Sorry.　　　　　　　　d) Pardon me.
e) いずれも十分でない

【●日本人の混乱ポイント】謝罪の表現として "Excuse me." と "I'm sorry." の2つを覚えている人が多いと思いますが，この2つの表現にはどのような違いがあるのでしょうか。

　米・英ともにb)の "I'm sorry." と答えた人が多かったが，e)のいずれの謝り方も不十分だという意見も多かった。しかし，b)，e)を選択した場合も「"I'm sorry." ではなく "I'm so (really, very) sorry." といった謝罪の気持ちを強める語を加えた上で "Are you OK [alright]?" と相手を気遣う表現を続ける」という意見や，言葉だけでなく，「相手を助け起こす」という回答が目立った。

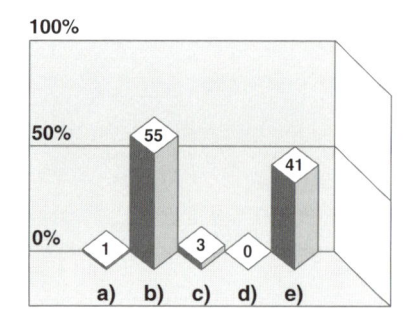

a) 1　b) 55　c) 3　d) 0　e) 41

➡日本人は，7割以上が，"I'm sorry." と答えており，「いずれも十分でない」という意見は1人もいなかった。日本人学習者が十分に謝ったつもりであっても，それが十分ではない可能性もあると言えるだろう。

🏁 NATIVE の実際の声！

- In this instance, you definitely have to say "I'm sorry." or even further, "I am so sorry!"（この場合は絶対に "I'm sorry." あるいは "I am so sorry!" と言うべきだ。米♀30代）
- But I would probably say "Oh, I am so sorry." Having the "so" or "very" in the middle I think is quite important.（"Oh, I am so sorry." のように，間に so や very を入れて言うことがとても重要だと思う。英♂20代）
- It sounds more genuine than the other responses.（選択肢のほかの応答よりも誠実な感じがする。英♀30代）
- This is an expression of stronger regret than the others.（ほかよりも強い後悔を示す表現だと思う。米♂20代）
- It's the most polite-sounding. (I think you'd say "I'm really sorry.")（選択肢の中では一番丁寧な響き。(実際は "I'm really sorry." と言うと思う。) 英♂30代）
- It is apologetic and polite. It shows you are genuinely sorry for what happened. You should also help them back to their feet.（謝罪の気持ちが伝わる表現だし，丁寧だと思う。心から申し訳なく思っているのがよくわかる。さらに言うなら，相手を助け起こしてあげるべきだと思う。英♂20代）
- You would say, "I'm sorry.", but you should also help them up.（"I'm sorry." と言った後でさらに助け起こしてあげるべき。米♀20代）
- A definite apology is needed; in fact, you should add something like "Are you alright?"（まずはっきりと謝るべき。また実際には，"Are you alright?" のような言葉を加えるといい。英♂40代）
- You would use "I'm sorry." because you did cause the person harm. I might say "I'm so sorry. Are you OK?"（実際に相手を倒してしまったのだから "I'm sorry." を使うと思う。"I'm so sorry. Are you OK?" とも言うかもしれない。米♀30代）

NATIVE の結論

I'm (so) sorry. Are you OK [alright]?

4章　直訳英語の行き止まり

FURTHER THINKING

軽くぶつかっただけのときはどうか？？

【シチュエーション】ぶつかって相手が倒れてしまった場合には，"I'm sorry." もしくは「いずれも不十分」を選ぶ人が多いようですが，特に相手に被害を及ぼしたわけではないときはどうでしょうか。

> **Q** 駅で人にぶつかってしまいました。もしも相手が倒れたわけでもなく軽くぶつかっただけの場合は，以下のa)〜d)のいずれの表現で謝りますか。
> a) Excuse me.　　b) I'm sorry.　　c) Sorry.
> d) Pardon me.　　e) いずれも十分でない

米・英ともに，「いずれも十分ではない」という意見はほぼ見られなくなったが，米では "Excuse me." が，英では "Sorry." がそれぞれ最も多く，このように軽い謝罪では米・英の差が大きいようである。

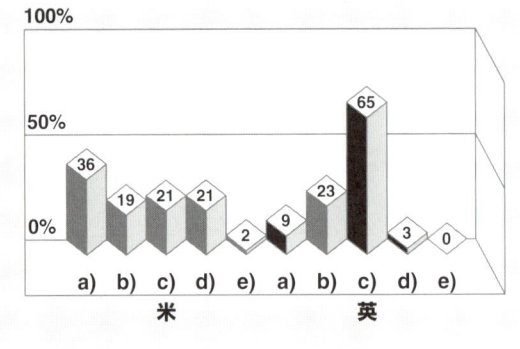

米: a) 36 b) 19 c) 21 d) 21 e) 2
英: a) 9   b) 23 c) 65 d) 3   e) 0

➡日本人は，約4割がa)の "Excuse me." を選んでおり，米に近い傾向が見られるが，英とは意識の差が大きいようである。

バーダマン先生の Example Conversation

日本では謝罪の意味だけでなく，礼儀として「すみません」と言う機会が多いですが，これを直訳した "I'm sorry." を多用するあまり，日本人は謝りすぎだと見られがちです。"Excuse me." との違いを理解し，この2つを上手に使い分けることが必要です。

☆断りの気持ちを表すだけで済む場合

A: Achoo! Excuse me.
B: Bless you.
A: Thank you.

    A: はくしょん！　失礼。
    B: お大事に。
    A: どうも。

☆謝る必要がある場合

A: Oh, I'm very sorry! Are you okay?
B: Yes, I'm all right. No harm done.

    A: あっ，申し訳ありません！　大丈夫ですか？
    B: ええ，平気です。大丈夫ですよ。

A: Sorry to be late. My bus got stuck in traffic.
B: No problem. How are you?

    A: 遅れてごめん。バスが渋滞につかまっちゃって。
    B: 平気，平気。調子はどう？

6 電話の出方は？もしもし？

Q 電話に出るときはどう返事をすればいいか。

電話をかけたところ，出た相手が"Yes."とだけ答えました。この返答の仕方は適切だと思いますか。

【🔴日本人の混乱ポイント】日本語ではかかってきた電話に出るときに「はい」と返事することがありますが，"Yes."と電話に出てしまった場合，どのようなニュアンスになるのでしょうか。

米・英ともに「不適切だと感じる」という回答が圧倒的に多く，電話でこのように応対されることを不快だと感じる人が多いようである。理由としては「ぶっきらぼうすぎる」「忙しいときに電話をかけてきて迷惑だと言っているみたい」といったコメントが挙げられ，総じて「非常に失礼だと感じる」という意見がほとんどであった。

➡日本人は5割以上が「適切だと感じる」と回答しており，このように"Yes."と電話に出た場合，相手に悪い印象を与えてしまう可能性が高い。

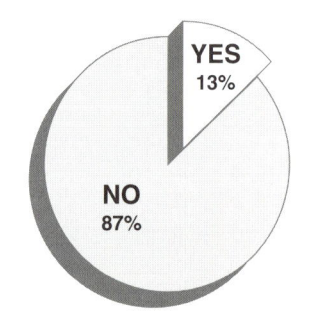

YES 13%
NO 87%

NATIVE の実際の声！

- It sounds like the person isn't giving you their full attention. （いい加減に応対しているという印象を受ける。米♀20代）
- Sounds like that person does not want to be disturbed. （取り込み中で（電話で）邪魔をされたくないというように聞こえる。米♀30代）
- It doesn't sound polite and would make me think that they do not want to talk to me and are trying to get rid of me as quickly as possible. （丁寧な対応には感じられないので，相手が自分と話す気がなく，できるだけ早く電話を切ろうとしていると感じると思う。英♂10代）
- It sounds very rude and implies that the person is either angry or annoyed with having to answer the phone. （とても礼を欠いた応答で，電話に出ることに対して怒っているか，いらついている印象を受ける。英♂20代）
- It sounds abrupt and official, as though they are saying "Hurry up and tell me what you want." （ぶっきらぼうで事務的な感じがする。まるで「早く用件を言え」とでも言っているように聞こえる。英♀20代）
- I know a few people who answer the phone "Yes." because it makes them feel important, or tough, or both. I personally think it's stupid. （このように"Yes."と電話に出る人を何人か知っているが，自分たちが偉くなったり，強くなったりした気になっているのだと思う。個人的にはくだらないと思う。米♂20代）
- I would be mildly offended if this response was used, unless it were perhaps within offices in a company where phone calls are made primarily when something is needed. Even then, just "Yes." might sound arrogant or irritated. （会社やオフィスで用件のあるときにしか電話がかかってこないような場合は別として，このような電話応対をされたら少しいやな気持ちになると思う。ビジネスの場でも，"Yes."だけだと偉そう，もしくは怒っているように聞こえるかもしれない。英♂10代）
- It is mysterious. （謎めいた返答だと思う。英♀20代）

NATIVE の結論
Hello. [Hello?]

バーダマン先生のExample Conversation

電話の応対には，独特の表現があります。特にビジネス上の電話では，名乗ったり，用件を話す際には，ふだんの会話文よりも明確な短い文章を用いることが多いようです。

☆会社の受付電話の応対

A: <u>Good morning</u>. ABC Company. How may I help you?
B: Could you connect me with the sales department?
A: Certainly, sir.

 A: おはようございます。ABCカンパニーでございます。ご用件は何でしょうか？
 B: 営業部につないでいただけますか？
 A: かしこまりました。

☆職場の内線電話の応対

A: <u>Yes</u>?
B: Mr. Wilson is here to see you.
A: Thanks. Please send him in.

 A: はい？
 B: ウィルソンさんがお見えです。
 A: ありがと。入ってもらって。

☆一般家庭での電話応対

A: <u>Hello</u>, this is Peter Carlson. May I speak with Mr. Havens, please?
B: This is Tom Havens. What can I do for you?

 A: こんにちは。私，ピーター＝カールソンと申しますが，ヘイブンスさんはいらっしゃいますか？
 B: 私がトム＝ヘイブンスですが。何かご用ですか？

7 「とても」と言いたいときは？

Q very，fairly，quite，どの語が一番意味が強いか。

友人からおすすめのアーティストのCDを借りました。自分もとても気に入ったので，そのことを友人に伝えようと思います。CDを返す際に一言添えるとしたら，以下のa)〜c)のいずれが最も適切だと思いますか。
a) It's very good.　　　　　　b) It's fairly good.
c) It's quite good.　　　　　　d) いずれも不適切

【●日本人の混乱ポイント】very は「とても」，fairly と quite は「相当」，「かなり」に相当する表現と覚えている場合が多いようですが，この3つの語にはどのようなニュアンスの違いがあるのでしょうか。

　米・英ともにa)の"It's very good."と回答した人が圧倒的に多かった。主な理由としては「(very が)最も褒める意味が強い」という意見が多かった。米ではquiteでもよいというコメントが比較的多く見られたが，米・英いずれの場合もfairlyという回答は見られなかった。
⇒日本人は6割近くがveryを，fairlyとquiteもそれぞれ2割近く，3割近くが適切であると回答しており，very以外を用いてしまった場合，自分の意図が十分に伝わらない可能性が高い。

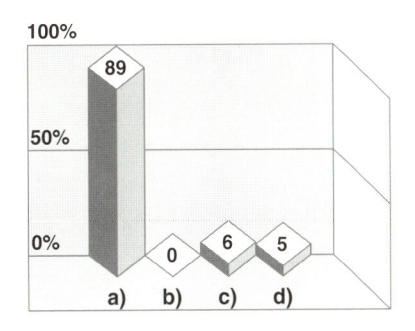

a) 89　b) 0　c) 6　d) 5

4章　直訳英語の行き止まり　121

NATIVE の実際の声！

- "Very" is the strongest out of the three, then "quite", then "fairly". （veryが3つの中で1番意味が強く，quite, fairlyと続く。英♀20代）
- "Fairly" implies that you thought it was only OK or mediocre, and "quite" suggests that it was good but you didn't enjoy it that much. （fairlyを使うとまあまあ，もしくはよくも悪くもないという印象になる。quiteはいいCDだったが，自分としてはさほど好きじゃなかったというように聞こえる。英♀10代）
- I would use the word "very" because it describes that I enjoyed it to the highest degree and praises the CD on the highest degree. （楽しんだという事実とCDに対する賞賛を最大限に伝えられるので，自分ではveryを使う。米♂20代）
- Using "quite good" may show that you were surprised that it was good and possibly insult your friends taste. But "very good" simply praises the CD. （quite goodを用いると，思いのほかよくて驚いたというニュアンスになるので，貸してくれた友人の好みを侮辱することになりかねない。very goodはストレートにCDを褒めることになるのでいい。米♂40代）
- Saying something is "quite good" is also giving it a high amount of praise, but "very good" is higher praise. （quite goodでもかなり褒めていることになるが，very goodの方がより強い賞賛になる。米♀20代）
- "Quite" means it was good, but not as good as "very good", and "fairly good" just means it was average. （quiteでもよかったという意味にはなるが，very goodには及ばないということになり，fairly goodの場合は普通だったという意味にしかならない。英♂20代）

➡ veryが一番褒める意味合いが強いというコメントが多かったが，quiteでもよいというコメントが見られた。

NATIVE の結論

It's very good.

バーダマン先生のExample Conversation

英語で何かを強調したい場合，個々の表現だけでなく，それを言う際のイントネーションも重要です。たとえ最大限の強調表現を使っていても，口調が平坦だとあまり気持ちは伝わりません。

A: How do you like that band called the Tractors?
B: They're really good!
   A: トラクターズっていうバンド，どう思う？
   B: すごくいいよね！

A: Did you enjoy Hawaii?
B: It was absolutely great! We had a wonderful vacation.
   A: ハワイは楽しかった？
   B: とにかく最高だった！ とびきりの休暇だったよ。

A: How was the novel?
B: Pretty good! I wasn't expecting much, but I was impressed.
   A: 小説，どうだった？
   B: けっこうよかったよ！ 大して期待してなかったんだけど，感動したよ。

The story was fairly interesting, but I don't know if I'd read another by the author.
   話はまあまあおもしろかったけど，この作家のほかの作品も読むかどうかはちょっとわからないな。

4章　直訳英語の行き止まり

8 "Let's …" で確認するのはくどい？

Q 相手に確認を取りたいときに **"Let's …"** は使えるか。

友人のTonyと電話で4時に会う約束をしました。電話を切る前にもう一度時間の確認をしたいと思いますが，そのときに "Let's meet at 4 o'clock." と言いますか。

【●日本人の混乱ポイント】"Let's …"＝「…しよう」と覚えているために，相手に何かの確認を取る際に，思わず "Let's …" を使ってしまう人が多いようです。さて，この表現は実際にはどのように用いられるのが一般的なのでしょうか。

米・英ともにこのような場合には "Let's …" とは「言わない」という回答が多かった。理由としては，「"Let's …" は何かを提案する際の表現なので，確認には用いない」という意見が最も多く見られた。

➡日本人は7割以上が「言う」と回答しているが，相手を戸惑わせてしまう危険性が高い。

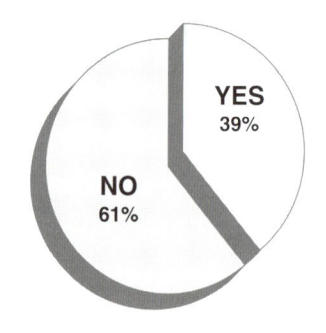

YES 39%
NO 61%

NATIVE の実際の声！

YES

- It wouldn't be wrong. Maybe better to use "OK, meet at ..." （間違いではないが，"OK, meet at ..." を用いる方がよいかもしれない。英♂20代）

NO

- It sounds as if you are suggesting the time again, as if you had ignored your friend's suggestion. （この表現では，友達の提案を無視して，あらたに待ち合わせの時間を提案しているように聞こえてしまう。英♂20代）
- Now it sounds like I'm proposing a new, yet same time: illogical. （時間を提案し直しているのに，実際には前と同じ時間で理屈に合わない。米♀30代）
- "Let's do something." is a proposal, not a confirmation. ("Let's ..." は提案の表現であって，確認には使わない。米♂20代）
- If you are confirming something that has already been arranged then you would not say "Let's meet at 4 o'clock." This should only be used to suggest a meeting time. （すでに決まっている事柄を確認したいときには，"Let's meet at 4 o'clock." とは言わない。この表現は約束時間を提案する場合のみに使うべきだ。英♀30代）
- You can't really use this phrase to confirm something, it sounds like you have forgotten what has been said already. （何かを確認する場合にこの表現を使うのは無理がある。これでは前に言ったことを忘れてしまったように聞こえる。英♀10代）
- Repetitive and sounds like you have not been listening to previous dialogue. （同じことの繰り返しで，前の話を聞いていなかったように聞こえる。米♀30代）

NATIVE の結論

So, [OK, then,] (I'll) see you at 4 (o'clock).

バーダマン先生の Example Conversation

予定を確認するときには、すでに相手と話した内容をしっかり踏まえた上で表現をすることが大切です。また自分の予定だけでなく、相手の都合への配慮も忘れずにしたいものです。

A: I'm free between 2:00 and 5:00 that afternoon.
B: It would be better for me if it were, say, 4:00.
A: Okay, then, we'll meet at 4:00.
 A: その日は午後2時から5時なら空いてるよ。
 B: そうだなぁ、私は4時だったら大丈夫だよ。
 A: オーケー。じゃあ4時に。

A: Everyone replied to my email about the starting time for the party, and everyone prefers the earlier hour.
B: So, we're gathering at 5:00, then?
A: Yes, everyone will meet outside the restaurant.
 A: パーティーの開始時間についてのメールにみんな返信をしてくれたのですが、みんな早い時間のほうが都合がいいそうです。
 B: じゃあ、5時集合ってことかな。
 A: そうですね、レストランの外で待ち合わせということになっています。

A: The play begins at 6:30.
B: Shall we meet at the entrance to the theater?
A: Sure, that's fine with me.
 A: お芝居の開演は6時半です。
 B: 劇場の入り口で会いましょうか？
 A: ええ、私はそれでかまいませんよ。

学校制度に見る国民性

　日本の学校は、朝礼に始まり、終礼やホームルーム、また学期の節目には始業式や終業式があるのがふつうですよね？　また校則が厳しく、生徒たちの行動も格好も統率が取られています。しかし、アメリカの学校にはもともと学校行事はほとんどと言っていいほどなく、校則なども日本に比べてずっと緩やかです。日本人にしてみると学校らしい行事がないのは、なんだか物足りなく、不思議に思うかもしれませんが、逆にアメリカ人から見ると、軍隊のような日本の学校は異様に写るのかもしれません。

　このように、出発点はまるで違う日米の学校ですが、昨今では、双方が「よりよい学校」を作るため、互いの文化を少しずつ取り入れ始めているようです。日本は「ゆとり教育」として、よりリラックスしたアメリカの学校を参考に、授業時間を短くし、休日も週2日制を導入しました。一方、アメリカの学校の中には、日本の制服をヒントにして、「紺のズボンに白いシャツ」、「スカートに白いブラウス」といった服装規定を設けた学校も出てきています。

　このような形式的なことが似通ってきている一方で、やはり、個人の考え方までは、なかなか変わらないようです。日米の野球選手の試合前の準備運動1つを見てみても、日本の選手は必ず全員で息のあった運動をするのに対し、メジャーの選手は、それぞれが自分のやり方で好きなように調整をします。

　今はまだ大きく違う日米の考え方も、もしかしたら今の学校教育を受けた学生が大人になる頃にはもっと似てくるのかもしれません。

⑨ wantはわがまま？

Q 何かをほしいときにwantを使うか。

友人の家で，のどが渇いたので何か飲み物がほしくなりました。ここで "I want something to drink." と言いますか。

【●日本人の混乱ポイント】日本語の「ほしい」にあたる言葉はwantですが，何かがほしいと相手に伝えるときはwantでいいのでしょうか。

米・英ともにほぼ全員が「言わない」と回答しており，仮に言ってしまった場合は相当悪い印象を与えてしまう可能性が高い。理由としては，「失礼」「わがまま」などが挙げられ，このような状況においては不適切な表現だということがわかる。

➡日本人は5割程度が「言う」と回答しているが，注意の必要な表現と言ってよいだろう。

YES 2%
NO 98%

【参考】カジュアルなレストランでスプーンを落としてしまった際に，ウェイターに対して "I want another spoon." と言うかどうかも聞いてみたが，上記とほぼ同じ結果となった。仮に高級レストランであれば，なおさら失礼な響きになる可能性が高い。

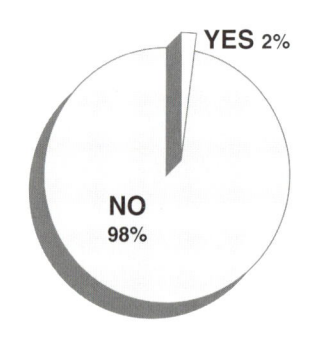

NATIVEの実際の声！

- "I want" is generally associated with childish, rude desires. In this context it sounds almost as if you expect your friend to jump to attention and fetch you what you want. It's not a polite or appropriate response at all. （I wantという表現は，一般的に幼稚でぶしつけな要求を連想させる。この状況だと，まるで友人があなたの要望次第で即座に従って，望みの物を持ってきてくれるとでも思っているように聞こえる。決して丁寧でも適切な応対でもない。英♀10代）
- **Too direct.** （直接的すぎる。米♂30代）
- **Be polite.** （礼儀にかなっていない。米♀30代）
- **This comes across as rude and selfish.** （失礼でわがままな感じがする。米♂20代）
- **It sounds like you are being too bossy and demanding.** （あまりにも偉そうでわがままな印象を受ける。米♀30代）
- **It sounds more like a command than a request.** （お願いというよりも命令のように聞こえる。米♂50代）
- **If you're over 2 years old you know this isn't polite.** （2歳以上の子供なら誰でも，これが礼儀にかなっていないことぐらいわかる。英♂30代）
- **"I want" is fine in the family home or if you are out, e.g. shopping with a friend.** （自分の家の中や，外で友人と買い物中の場合ならかまわないと思う。英♀20代）

NATIVEの結論
Can [Could / May] I have [get] something to drink(, please)?

4章　直訳英語の行き止まり　129

FURTHER THINKING

何かを教えてほしいときはどうか？？

【シチュエーション】何かほしいときにwantを使うと失礼だと感じる人が多いようですが，何かについて教えてほしい場合は，wantを使って自分の希望を相手に伝えられるのでしょうか。

> **Q** 駅に行く途中で道に迷ってしまいました。通りがかりの人に道を聞く際，"Excuse me. I want to go to the station." と言いますか。

米・英ともに圧倒的多数が「言わない」と回答した。理由としては，この場合も「偉そう」「失礼」という意見が多く，仮に言ってしまうと悪い印象を与えてしまう可能性が高い。代わりの表現としては "Excuse me, could [can] you tell me how to get to the station (, please)?" が挙げられた。

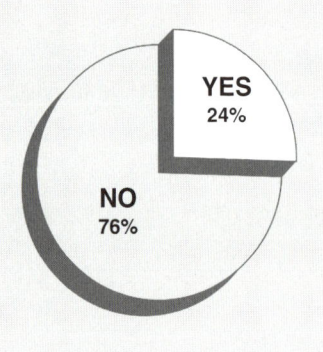

YES 24%
NO 76%

➡日本人は5割程度が「言う」と回答しているが，注意の必要な表現と言えるだろう。

バーダマン先生の Example Conversation

> 英語で人に何かを頼む際には、どんな相手でも丁寧な口調を心がける必要があります。友人に対してはもちろん、レストランで注文するときでも、西洋ではウェイターは敬意を払うべき対象なので、命令口調ではなく、丁寧な応対が求められます。

A: Are you ready to order, ma'am?
B: Yes, I'd like to have the roast duck with mixed vegetables.
A: Would you care for a glass of wine?
B: No, I don't believe so.
A: And what would you like, sir?
B: I believe I'll have the turkey, with potage and a salad, please.

 A: ご注文はお決まりですか？
 B: ええ、鴨のローストと野菜のつけ合わせを。
 A: ワインはいかがされますか？
 B: いえ、遠慮しておきます。
 A: では、お客様は何になさいますか？
 B: 七面鳥をもらおうかな、あとポタージュスープとサラダもお願いします。

A: Would you mind having this steak cooked a bit more?
B: Certainly, sir. Would you like it well done?
A: No, medium-well is okay, but this is too rare for me.
B: Right away.

 A: すみませんが、このステーキもう少し焼いていただけませんか？
 B: かしこまりました。ウェルダンでよろしいですか？
 A: いえ、ウェルダンに近いミディアムで結構です。これはちょっとレアすぎるので。
 B: すぐにお持ちいたします。

10 we Japanese と言うのはどう？

Q 自分の所属するグループについて話すときは we ... でいいか。

Akiraは学校で日本についてのスピーチをしています。アメリカからの留学生が1人いるので英語でしているのですが、スピーチの中で彼は "We Japanese are generally kind." と、日本人のことをwe Japaneseと表現しました。この表現は適切だと思いますか。

【●日本人の混乱ポイント】日本人は「われわれ日本人」を直訳してwe Japaneseと言ってしまうことが多いと言われますが、どのような印象を与える表現なのでしょうか。

米・英ともに「適切ではない」という回答が過半数を超え、この表現に不快感を覚えるというコメントが多かった。なるべく避ける方がよい表現といえるだろう。

➡日本人は6割以上が「適切である」と回答しており、思いがけず悪い印象を与える危険性が高いので注意が必要だ。

【参考】Akiraが交換留学生としてアメリカで同じ発言をした場合についても意見を求めてみたが、米では「不適切」という回答が大幅に増えた（75%）。英では日本でスピーチする場合とほぼ同じ結果となった。

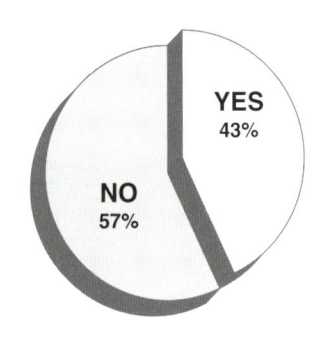

YES 43%
NO 57%

NATIVE の実際の声！

YES

- It makes sense to say "we Japanese" while the speaker is in Japan. When the speaker is outside of Japan and the only Japanese person in the room, then "we" sounds out of place. (話し手が日本にいるなら問題はない。日本以外の国で、しかも部屋の中で自分が唯一の日本人という場面であればweという言葉は場違いだと思う。米♀20代)

NO

- It might sound to the US students that he thinks Japanese people are different and better than them. E.g. "We Japanese are kind — but you are not". (そのアメリカ人留学生にとっては、たとえば「われわれ日本人は親切だけれども、アメリカ人は違う」というように、日本人とアメリカ人は違うもので、日本人の方が優れているのだと言っているように聞こえるかもしれない。英♀20代)
- "We Japanese" isn't too bad, but I feel it is old-fashioned and wouldn't naturally be used in English. (この表現自体はそんなに悪くないが、古臭い言い方で英語ではふつうには用いられないと思う。英♀20代)
- It's alienating. (排他的な感じがする。米♀20代)
- It sounds nationalistic. (愛国主義的な感じがする。米♂20代)
- This is simply a racial stereotype. (この表現は人種主義の典型的表現だ。英♂20代)
- Using the phrase "we Japanese" sounds a bit boastful. (この表現は少し高慢な感じがする。英♀30代)

NATIVE の結論

The Japanese (people) are generally kind.

バーダマン先生のExample Conversation

国家や民族全体のことを話す場合，自分がその人々の代表として話したり，その民族を一般化したりするような表現は好まれません。相手と同じ目線に立って会話するためにも，そのようなテーマは客観的な姿勢で論じるのが望ましいと言えます。

A: How would you describe the Japanese people?
B: I think that you could say they are generally considerate and kind.
 A: 日本人は一言で言うとどんな民族ですか？
 B: 一般的には思いやり深くて親切だと思います。

A: Jack, as an American, how do you view your country?
B: Well, I think America has alienated a lot of countries recently.
 A: ジャック，アメリカ人として自分の国をどう思いますか？
 B: そうですね，アメリカは最近諸外国から多くの反感を買っていると思いますね。

A: Diego, could you tell us about the people of your country?
B: Well, first I think the people of Mexico are basically open, friendly and willing to help others.
 A: ディエゴ，あなたの国の人々について教えてくれませんか？
 B: そうですね，まず，メキシコの人々は基本的に明るく友好的で，他人を助けるのが好きですね。

愛国心教育と星条旗

　アメリカ人の国民性として「愛国心」が強いことが挙げられます。これは、子供のうちから義務教育で愛国心を育てる教育を行っている賜物と言えます。

　アメリカの公立小中学校では、毎朝アメリカの国旗である星条旗に向かって Pledge of Allegiance と呼ばれる「忠誠の誓い」をします。クラス全員で、直立不動の姿勢で胸に手を当てながら、次の言葉を唱和するのです：*"I pledge allegiance to the flag of the United States of America, and to the republic for which it stands, one nation under God, indivisible, with liberty and justice for all."*（私はアメリカ合衆国の国旗と、それが象徴する分かつことのできない、万人に自由と正義をもたらす神のもとの国、共和国への忠誠を誓う。）

　国旗に向かって毎朝自分の国への忠誠を誓うこと。今の日本では考えられない光景ですが、そこはやはり国家構成の違いです。アメリカは、複数の民族で構成されている「移民の国」ですから、国民は共通の民族意識や宗教を持っていません。そこで、星条旗は昔から、唯一国民全員が共有できる価値や意識の「シンボル」として存在してきました。

　しかし、この愛国心教育。最近になって Pledge of Allegiance の文言に含まれる under God（神のもとで）という言葉が、政教分離を定めた合衆国憲法に違反しているのではないか、ということで物議をかもしています。日本人にしてみると、異なる信教の人々の共通のシンボルのはずの星条旗への誓いが、宗教の問題でもめるのはなんだかおかしな気もしますが…。

11 「ある…」はa certain ... でいい？

Q 日本語の「ある…」のように **a certain ...** は使えるか。

友人の家で次のように1人の大学生を紹介されました。"X（あなたの名前), this is John McArthur. John is a student at a certain university in California." この紹介の仕方は適切だと思いますか。

【●日本人の混乱ポイント】日本語では会話の中で特に言及する必要のない事柄については「ある人」,「ある場所」などと「ある」で済ませてしまうことがよくあります。「ある…」に近い英語の表現の1つとしてa certain ... がありますが, 日本語と同じように使えるのでしょうか。

　米・英ともに, このような紹介の仕方は「不適切だと感じる」という回答が大多数を占めた。certainを使うと「何か隠しているような感じがする」という理由が目立ったが, そのほかにも否定的なコメントが多く見られた。

➡日本人は約半数が「適切である」と回答しているが, 日本語の「ある…」のつもりで使ってしまうと相手に失礼だと思われる危険性が高い。

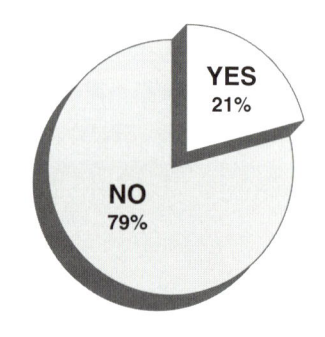

YES 21%
NO 79%

NATIVE の実際の声！

- "Certain" has an air of sarcasm about it; As if he's going to a great university and doesn't want to mention the name, or maybe he goes to a bad one and is trying to hide the fact. (certain には何かしら皮肉なニュアンスがある。まるで，すごい大学に行っていてあえて名前を出したくない，あるいは，三流大学に通っていてそのことを隠そうとしているような印象を受ける。米♂30代)
- It is as if you are trying to hide the name which comes across as fishy. (まるで世間体の悪い大学名を隠そうとしているみたい。米♂20代)
- Saying "certain" seems like the person is either trying to hide something or they can't remember and they're pretending like they do remember the name of the college. (何かを隠そうとしているのか，もしくは大学名をどうしても思い出せないのに知っているふりをしているみたい。米♀10代)
- "A certain ..." often implies a shared context between speaker and listener, i.e. they have talked about it before and probably in a negative way. (a certain ...という表現は，話し手と聞き手の間に共通の認識を持っているということを示唆していることが多い。つまり，2人は以前にそのことについて，おそらく否定的なニュアンスで話をしたことがあるということである。英♂20代)
- Always state the name of a person, place, thing, etc., not only in introductions but in general. (紹介するときに限らずいつでも，人，場所，物の名前をきちんと出すべきである。米♀30代)
- Or rather, they should give the name of the university itself. (むしろ，大学名そのものを言うべきである。英♂20代)
- It is rude not to say which university. (大学名を言わないのは失礼。英♀30代)
- It sounds incredibly mysterious, almost like the next line should say "What university is it?" in the style of a quiz show on television? (非常になぞめいた言い方で，次にテレビのクイズ番組のような調子で，「さて，どこの大学でしょうか。」と続きそうな感じがする。英♂20代)

NATIVE の結論

John is a student at Tokyo University.

バーダマン先生の Example Conversation

> 英語では，特に相手にとって必要のない情報や自分でも詳しくは知らない内容のことを相手に話すとき，日本語のように「ある…」を使って表すことはしません。相手に興味を持たせるために，思わせぶりな話し方をしたいときのみ，そのような表現を使います。

☆詳しくは知らない内容について話す場合

A: Where did Burt go to school?
B: He went to a small school in Tennessee, but I'm not sure of the name.

 A: バートはどこの学校に行っていたの？
 B: テネシー州の小さい学校だよ，名前はよく知らないんだけど。

☆具体的な名前を挙げて説明する場合

A: I heard that you are working for a bank now?
B: Yes, I work for Citibank as an accountant.

 A: 今，銀行で働いているんだって？
 B: うん，シティバンクで会計の仕事をしてるよ。

☆思わせぶりな言い方をしたい場合

That young politician was seen walking out of an expensive restaurant with a certain lobbyist.

 あの若い政治家，某ロビイストと一緒に高級レストランから出てきたらしいよ。

12 「調子を見てあげる」と言いたいときは？

Q 何かの様子や調子を見るときは look at と have a look at のどちらが適切か。

友人のパソコンの調子が悪いようです。あなたはパソコンに詳しいので，どこがおかしいのか見てあげようと思います。この場合，次のa)，b)のどちらを言いますか。
a) Don't worry. I'll look at your PC.
b) Don't worry. I'll have a look at your PC.
c) いずれも不可

【●日本人の混乱ポイント】日本人の中には look at と have a look at はほぼ同じ意味と思っている人が多いようですが，母語話者にとってはニュアンスが違うようです。さて，どのような違いなのでしょうか。

米・英ともにb)の have a look at という回答が大多数を占めた。理由としては，「look at は文字通り見るだけだが，have a look at だと問題を解決しようという感じがする」，「have a look at の方がもったいぶった感じがしない」といった意見が目立った。このことから，何かの様子や調子を見るときには，have a look at の方が好ましいと言えるだろう。ただし，米・英ともに，have a look at と look at のいずれも間違いではないという意見も比較的多かった。

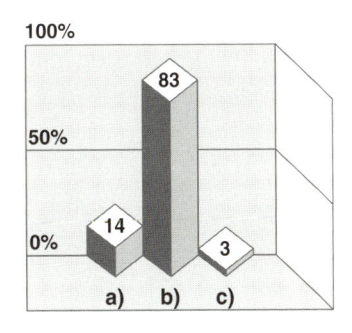

グラフ: a) 14, b) 83, c) 3

NATIVE の実際の声！

- "Have a look at" sounds better because it implies that you will check it out, see what's wrong with it. "Look at" sounds like you will just look at it and do nothing to see what's wrong with it. (have a look at の方が PC の様子を見るだけでなく，さらに何が悪いか原因も調べてあげるという含みがあるので，より適切だと思う。look at の場合は見てみるだけで何もしないというように聞こえる。米♀30代)

- "Have a look at" gives the impression of more concentrated and detailed attention (i.e. looking at the insides of the PC, not just its outside). (have a look at だと，より集中的に詳しく（パソコンの外側だけでなく内側も）調べるという印象を受ける。英♂40代)

- It is lighter, sounds more friendly. (have a look at の方が軽い感じで，より親しげな印象を受ける。米♂20代)

- I'm afraid I can't give a good reason! It just sounds more casual and friendly. (どうしてかと聞かれると困るけれど，こちらの方がより気さくで親しげに聞こえると思う。英♀30代)

- "I'll have a look at your PC." sounds more casual, which is appropriate, as you are talking to a friend. Either would be appropriate, though. (友達に話しかけているのだから，"I'll have a look at your PC." の方が気さくな感じがして適切だと感じる。ただ，どちらでも問題はないと思う。米♀20代)

- Gives the impression that it will be no trouble and should not take much time or effort. ((have a look at だと) そんな手間ではなく，時間も労力もあまり使わないような印象になる。英♂30代)

- "Have a look" sounds like you are offering to help out. (have a look だと手伝いを申し出ている感じになる。英♂30代)

NATIVE の結論
Don't worry. I'll have a look at your PC.

バーダマン先生のExample Conversation

英語の「見る」には「ただ見る」のと「様子を見る」，2つの意味があります。使い分けや意味は日本語とほぼ同じですが，場面によってどちらを用いるべきか注意が必要です。

A: Did the mechanic look at the engine?
B: Yes, he said that there was a problem with the fan belt.
 A: 整備士さんはエンジンを見てくれた？
 B: うん，ファンベルトが悪かったそうだよ。

A: Tony, would you mind having a look at my copier? Something's not right.
B: Sure, I'll be glad to have a look at it.
 A: トニー，悪いけどちょっとコピー機見てもらえるかな？　何かがおかしいのだけど。
 B: もちろん。見てみるよ。

A: Did you say your having problems with your software?
B: Yes, I can't figure out how to open a new folder.
A: Well, let me take a look at it for you.
 A: ソフトで困ってるんだって？
 B: ええ，新しいフォルダの開き方がわからないの。
 A: うーん，ちょっと見せてくれるかな。

5章

日本語発想の的外れ

1 my friendは排他的？

Q 「私の友達」と言いたいとき，**my friend**と言うか。

友人のJohnから映画に誘われたのですが，すでに別の友人と会う約束をしているので断ることにしました。"Sounds nice, but I'm afraid I'm going to see my friend tonight." という断り方をしますか。

【● 日本人の混乱ポイント】my friendという表現はまるで友人が1人しかいないという印象を与えることがあると言われることがありますが，実際にそうなのでしょうか。事実としたら，このように言われた相手はどのように感じるのでしょうか。

米・英ともにこのような表現は「しない」という回答が多かった。「このような断り方をすると，Johnは含まれないと言っているように感じる」「my friendという言い方には，確かに『唯一の友達』というニュアンスがある」といったコメントを中心に，さまざまな意見が挙げられた。

➡日本人は7割以上がこの表現に違和感を覚えないという結果となった。単に友達の1人のつもりでmy friendという表現を使うと誤解される可能性が高い。

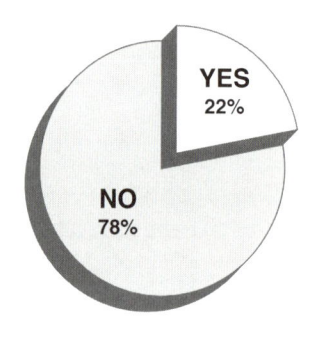

YES 22%
NO 78%

NATIVE の実際の声！

- Does sound like your only friend.（1人しか友達がいないように聞こえる。英♂20代）

  ▶ 上記のような意見は特に英で多く見られた。

- By saying "my friend" it sounds as though that person has an overriding special importance, and is exclusively your friend alone.（my friendと言うと，これから会う人が最優先するべき特別に大切な相手で，その人のみが友達だと言っているように聞こえる。英♀20代）
- No, I would not refuse by saying that I am going to see my friend tonight because it sounds like you are saying that you do not think of John as one of your friends.（Johnは友人の1人に入らないと言っているように聞こえるので，断るにしても私だったらこの表現は使わない。米♂20代）
- That sounds like you're saying John is not your friend and maybe making up an excuse not to go with John.（まるでJohnは友達ではないと言っているように聞こえ，彼と映画に行かない口実を作っている感じがする。英♀20代）
- If you said this, people would think that this friend was your girl or boy friend.（もしもこのような言い方をしたら，周囲はその友人のことを，あなたの彼女か彼氏だと考えてしまうと思う。米♀30代）
- It's not necessary to specify whether the other person that you're getting together with is a friend, a relative, a date, or whatever.（これから会う相手が友達なのか親戚なのかデートの相手なのか，わざわざ言う必要はないと思う。米♀40代）

NATIVE の結論

Sounds nice, but I'm afraid I'm going to see a [another] friend (of mine) tonight.

バーダマン先生のExample Conversation

> my father や my friend のように人に所有格の my をつけると，それにあたる人は1人しかいないことになります。複数いる中の1人をさしたいときには，不定冠詞の a や another (an + other) を用いるのがよいでしょう。

A: Want to catch a movie tonight?
B: Thanks, Sally, but I'm having dinner with another friend tonight.
　A: 今夜映画見に行かない？
　B: ありがとう，サリー。でも今夜はほかの友達とご飯食べに行く約束があるの。

A: Did you go to Singapore by yourself?
B: No, a friend of mine came along, and we had a great time.
　A: シンガポールには1人で行ってきたの？
　B: いえ，友達と一緒でした。すごく楽しかったですよ。

A: That's a beautiful sweater! I haven't seen you wear it before.
B: Thanks. A friend just gave it to me. Glad you like it.
　A: きれいなセーターだね！　今までに着たのを見たことがないけど。
　B: ありがとう。友達がつい最近くれたの。気に入ってもらえてうれしい。

2 "As you know, ..." はまずい？

Q 何かを説明するときに "As you know, ..." は皮肉に聞こえるか。

コンピューターが苦手な友人の Eric から新しいプリンターが動かないと助けを求められました。見てみると，パソコンとプリンターがつながっていません。そこで，そのことを伝えようと思うのですが，その際に "As you know, it is necessary to connect the printer to your PC before using it." という表現は適切ですか。

【●日本人の混乱ポイント】日本語の「ご存知のように」は比較的よく用いられる表現ですが，それに相当する英語の "As you know, ..." も同じように使えるのでしょうか。

　米・英ともに「不適切だと感じる」という回答が圧倒的多数を占めた。さまざまな理由が挙げられたが，場面によっては，言われた相手を不快にさせてしまう危険性の高い表現のようである。
➡日本人は5割近くが「適切である」と回答しているが，上記の例のように明らかに相手が知らないことについて話す場合は避けるべき表現であろう。

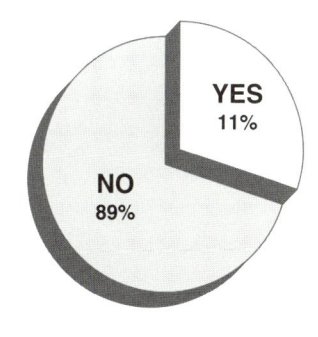

YES 11%
NO 89%

NATIVE の実際の声！

- This sounds like you are being arrogant. (ごう慢な感じがする。米♀20代)
- This sounds ironical and could be taken as an insult. (皮肉な感じがするし，相手を侮辱しているように受け取られる恐れがある。米♂20代)
- It sounds rude, as if you are suggesting that the person is stupid. (まるで相手のことをばかだと言っているようで，失礼に当たると思う。英♂20代)
- It sounds as if you think Eric made a stupid or careless mistake, as if he should have known …. (まるでEricが自分で気づいて当然の程度の低い初歩的なミスをしたと思っているように聞こえる。米♀20代)

➡ このようなコメントは米・英を問わず見られた。

- In this context, "as you know" sounds condescending because you are saying something very obvious (that the printer has to be connected to the computer). (この状況では，プリンターはパソコンにつながなければいけないというわかりきったことを言っているわけだから，as you knowは相手を見下しているように聞こえる。米♂30代)
- You could say this as a joke. This is a very typically British approach to humor and I actually *would* say it but sarcastically. (冗談として言う分には問題ない。このような表現は典型的なイギリス流のユーモアだし，自分でも皮肉としてなら言うかもしれない。英♀20代)
- I would only use "as you know" in business correspondence (if I was reasonably sure the person had heard the information). (自分だったら，as you knowは仕事関係の文書でしか使わないと思う。その場合も，相手がその事柄を当然知っているという確証が持てる場合のみ。英♀30代)

NATIVE の結論

You need to connect the printer to your PC before using it.
It is necessary to connect the printer to your PC before using it.

バーダマン先生の Example Conversation

> "As you know, ..." はビジネスで用いられることの多い表現と言えます。自分よりも知識が深く，立場も上の人に対して何かを説明するときには，へりくだる意味で「もうご存じとは思いますが…」という表現をよく使います。

☆目上の人を前にして説明をする場合

As you know, our company faces serious challenges. However, I believe if we work together, we can meet these challenges and overcome them.

> ご存じの通り，弊社は大変厳しい状況に直面しております。しかしながら，皆で力を合わせれば，この問題にうまく対処し，乗り越えることができると信じております。

Ladies and gentlemen, as I'm sure you are aware, the world today requires that we work together with nations that we may not trust completely.

> 皆様お気づきのことと存じますが，昨今では，それがたとえ信頼に足りない国であったとしても，共に尽力しなければならない世の中になってきているのです。

☆おどけて用いる場合

A: I don't know whether to ask Kate out or not.
B: As you know, I'm an expert at giving advice. After several divorces, I know all about such things.

> A: ケイトをデートに誘うべきかどうか…。
> B: 知ってるでしょ，私はアドバイスの達人よ。何度か離婚してその手のことなら何でも知っているから。

3 「確実ではありませんが」と言う？

Q 相手に何かを伝えるときには，断定を避けるべきか。

通りすがりの人にここからある場所までの所要時間を聞かれました。そこへは，以前に1, 2度行ったことがあるので，電車に乗れば40分ぐらいで着くことを知っていますが，それでも，あえて「確実ではありませんが…」といった断りを入れて "I'm not really sure, but I think you can get there in 40 minutes." という答え方をしますか。

【● 日本人の混乱ポイント】日本人は何か情報を伝えるときに，「確実ではありませんが…」「はっきりとはわかりませんが…」といった前置きをすることが多いですが，英語でもこのような言い方をするのでしょうか。

　米・英ともに「このような言い方をする」と回答した人が多かった。理由としては，「確実でないならば，そのことを伝えておく方がよい」という意見が目立った。

➡日本人は9割以上が「言う」と回答しており，米・英以上に断言を避ける傾向が強かった。

【参考】同じ状況で "I don't know exactly, but I think you can get there in 40 minutes." という言い方についても調査してみたが，結果は同様であった。

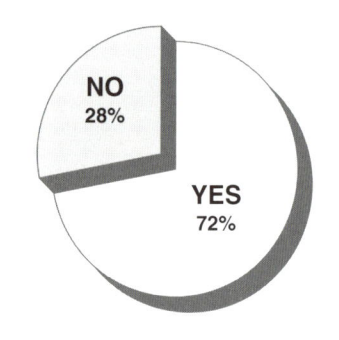

NO 28%
YES 72%

NATIVE の実際の声！

- You are trying to be helpful, but not mislead.（(I'm not really sure ... と前置きすると）相手の助けになろうとしつつ，誤解を招くことのないよう気を遣ってる感じがする。英♂40代）
- A good way to say it making sure that you tell them that you aren't sure exactly, but you think that you can get there in an approximated time.（はっきりとはわからないけど大体これぐらいかかる，ということを相手に伝えるにはいい表現だと思う。米♀30代）
- Since there may be variables, such as a different train that stops more often or other things the time may vary. Saying "I'm not really sure" lets the person know you aren't sure 100%.（電車によっては停車駅が多いなど，不確定な要素もありえるので，この表現によって相手にも100％確証が持てないことが伝わると思う。米♂20代）
- Sounds polite, and means they won't be angry if it takes a little time longer.（丁寧に聞こえるし，仮に多少余計に時間がかかっても相手を怒らせることにはならないと思う。英♂20代）

NATIVE の結論
I'm not really sure, but I think you can get there in 40 minutes.

バーダマン先生の Example Conversation

英語で何か情報を伝えたり意見を述べたりする場合，適度な謙虚さを保ちつつ，明瞭に答えることが必要です。情報の正確さについてもつけ加えると後でトラブルがないでしょう。

A: What is the yen-dollar exchange rate now?
B: I'm not exactly sure, but I think it's around ¥110 to the dollar.
 A: 今の円とドルの為替レートはどれぐらいですか？
 B: 正確にはわからないけど，1ドル110円くらいだと思います。

A: Is the department store still open now?
B: Gee, I don't know exactly, but it might be.
 A: デパートはまだ開いてるかな？
 B: うーん，確かじゃないけど，開いてるかも。

A: How long would it take me to get to the airport from here?
B: It usually takes about an hour.
 A: ここから空港まではどれくらいかかりますか？
 B: ふつうは1時間くらいです。

ONE POINT COLUMN

アメリカ式の就職活動

　日本で就職活動を経験した方はうらやましく思うかもしれませんが，アメリカには「就職活動シーズン」がありません。つまり，日本のように決まった時期に一斉に就職活動を行う，といったことはしないのです。アメリカの大学は通常，卒業は5月下旬あるいは6月初旬ですが，企業側に毎年決まった採用期限や入社日があるわけではないので，学生は就職活動がうまくいかなくても，わざわざ「就活浪人」をしなくて済みます。

　日本に比べてかなり自由度が高いのがアメリカの就職活動ですが，では，アメリカの学生は実際どのようにして就職先を探すのでしょうか？

　一言で言うと，決まったやり方はありません。たとえば，大学時代の初めから夏のインターンを狙ってコツコツと活動する人もいれば，夏休みに働いた仕事先で本採用になる人もいます。また，アメリカの企業は日本のように「新卒」にこだわりませんので，卒業してからじっくりプランを立てる，という学生もいます。就職活動を始めるタイミングから企業へのアプローチの仕方まで，状況に応じて自分なりの道を切り開くのが，アメリカ式です。

4 "Would you like me to do ...?" は丁寧？

Q 親切心で何かをしてあげたいときは，先に聞くべきか。

自分の住んでいるマンションの入り口の前に立っていると，同じマンションの住人が両手に荷物を抱えて帰って来ました。あまり面識のない相手でしたが，ドアを開けづらそうなので開けてあげようと思います。ここで "Would you like me to open the door?" と聞きますか。

【●日本人の混乱ポイント】"Would you like me to do ...?" は，日本語に直訳すれば「私に…してほしいですか」ぐらいの意味にあたる表現です。日本語だと多少恩着せがましい印象がありますが，英語の場合はどうなのでしょうか？

　米・英ともに「聞く」という回答が多かったが，「聞く」と回答した場合であっても，「聞かずに開けてあげる方がよい」という意見が米・英を問わず目立った。実際，「聞かない」と回答した人の多くが「聞かずに開けてあげる」と回答している。
➡日本人は約6割が「聞かない」とコメントしているが，「黙って開けてあげる」という意見は見られず，むしろ「恩着せがましい」といったコメントが多かった。数値以上に米・英との意識差が大きい表現のようである。

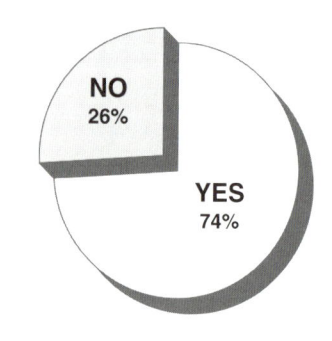

NO 26%
YES 74%

NATIVE の実際の声！

- It is polite to ask someone if they need something rather than just assuming, especially if you don't know that person too well.（特によく知らない相手の場合には，何かが必要だと決めてかかるよりも，相手に確認を取る方が丁寧。米♂40代）
- Some people don't like to be helped so asking is a good idea.（手伝ってもらうことを快く思わない人もいるので，聞くのはいいことだと思う。英♀20代）
- This sentence is fine, but I'd be more likely to say "Let me get the door."（この文でも問題はないが，私なら "Let me get the door."（ドアを開けて差し上げましょう）と言うと思う。英♀30代）
- This is fine. But I think the preferred action would be to just open the door without having to ask.（この表現で問題ない。ただ，私は聞かずにドアを開けてあげる方がいいと思う。米♀30代）
- Possibly just open the door for them without asking.（自分ならたぶん相手に確認を取らずにドアを開けてあげると思う。英♂20代）

➡ 手助けが必要か「聞く」という意見だけでなく，こちらから手助けを「申し出る」という意見も米・英ともに見られた。

NATIVE の結論

Would you like me to open the door?

バーダマン先生のExample Conversation

他人に親切にすることは，ごく一般的な礼儀であり，相手の性別や年代を問わず，社会的道義として行うべきことと考えられています。過度に親切にする必要はありませんが，譲り合いの精神が大切です。

A: After you!
B: Thank you.
A: Not at all.
 A: お先にどうぞ！（笑顔で）
 B: ありがとうございます。
 A: いえいえ。

A: Here, let me open that for you.
B: Thanks.
A: No problem.
 A: どうぞ，開けますよ。
 B: ありがとうございます。
 A: とんでもない。

A: Here, let me get that for you.
B: Thanks. I'm afraid my hands are more than full.
A: Glad to be of help.
 A: ああ，拾いますよ。
 B: ありがとうございます。すみません，手がふさがっていて。
 A: お役に立ててうれしいです。

手土産持参は逆に失礼？

　何かの頼みごとをするとき，手ぶらで相手先を訪ねるのはどこか気が引けますよね。頼みを聞いてもらう感謝の気持ちとして，何らかの手土産を持っていくのが日本では一般的ですが，この行為は，アメリカ人からすると逆に不愉快に感じることがあるようです。「まだ引き受けてもいないのに，いきなり物を差し出すのは厚かましい」「好意を買おうとしているみたいでいや」——アメリカ人はいきなり手土産を差し出されたりすると，このようにまず相手の真意を疑ってしまうことがあります。

　では，アメリカ人に何か頼みごとをしたい場合はどうすればいいのでしょうか？ "May I ask a (big) favor of you?"（お願いがあるのですが。）"I realize it is a lot to ask, but would you ...?"（厚かましいお願いですが，…していただけませんか？）と，ストレートに切り出すのがベスト。恐縮している気持ちを表す率直な表現を前後に加えれば，丁寧な気持ちは伝わり，相手も快い返答をしてくれるはずです。感謝の気持ちとして，どうしても相手に何か贈り物をしたい場合は，用件が終わった後に贈るのがよいでしょう。

　アメリカ人は手土産には抵抗のある人が多いですが，お歳暮やお中元に関しては，特に問題なく自然に受け入れられるようです。単発の好意に対する「とりあえずのお礼」ではなく，長いおつき合いを前提とした心のこもった贈り物ですので，やはり贈る方も贈られる方も気持ちがいいものなのでしょう。ただ，日本でよくあるせっけんやタオルといった一昔前の定番の物は，アメリカ人にはどこか儀礼的な印象を与えてしまいます。

5 「お気をつけて」と言うと失礼？

Q 「お気をつけて」と伝えたいときに "Please take good care of yourself." と言うか。

お世話になった先生がしばらく海外に行くことになったので空港まで見送りに行きました。見送りの場面で、先生に "Please take good care of yourself." と言いますか。

【●日本人の混乱ポイント】日本語であれば、ここで「お気をつけて（行って来てください）」といった一言が言われる場面ですが、英語でもそのような一言を添えるのでしょうか。

米では「言わない」と答えた人がわずかに多かった。一方、英では「言わない」と答えた人が大多数を占め、別れ際にはこのような表現はあまり用いられないようである。米・英ともに「言わない」理由としては「年上の相手や目上の相手にこのようなアドバイスをすると、相手がまるで自分の面倒も見られないように響くので失礼」あるいは「親しい相手にのみ用いるべきで、先生に対してはなれなれしすぎる」といった意見が多く見られた。

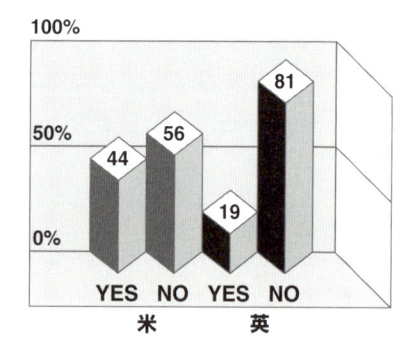

	米		英	
	YES	NO	YES	NO
	44	56	19	81

➡日本人は7割以上が「言う」と回答しているが、日本語の「お気をつけて」のつもりで言うと、失礼にあたる危険性がある。

NATIVE の実際の声！

YES

- If that teacher were a close mentor, I would, but not if I didn't know him/her well. (その先生が親しい指導教官だったら言うと思うが，あまりよく知らない先生であれば言わない。米♀50代)
- You could be a little more formal with your teacher. But saying just "Take care of yourself." sounds a little more natural I think. (先生に対しては少しなれなれしい気もする。"Take care of yourself." ならもう少し自然な感じがする。米♂20代)

> ➡ good と please が不要というコメントは米・英を問わず，また YES / NO という回答に関わらず，見られた。

NO

- It is difficult to say this or something along these lines to someone older without sounding patronizing. (このような内容のことを年上の相手に恩着せがましい感じにならずに言うのは難しい。英♀10代)
- You are younger than your teacher and do not need to give advice such as this to a "superior". It would be a reversal of roles. (先生よりも自分は年下なのだから，目上の相手にこのようなアドバイスをする必要はない。立場が逆転してしまっている。米♂20代)
- It sounds too much like I am their parent or think that they have in the past not taken good care of themselves. (まるで先生の親にでもなったかのように聞こえる。もしくは，まるで先生が以前には，自分の面倒すら見ることができていなかったと思っているように聞こえる。米♀30代)
- Inappropriate. Too informal for a student-teacher situation. (不適切。生徒と先生の関係にしてはなれなれしすぎると思う。英♂20代)

NATIVE の結論

Take care. (特に 🇬🇧)

バーダマン先生のExample Conversation

日本語の丁寧なあいさつの中には，英語に訳すと，親が子に対して言っているような印象になってしまうものがあります。相手への気遣いや，幸運を祈る，といった旨はごく手短に示すのがよいでしょう。

☆目上の相手への表現

A: Well, Jim, I'll be saying goodbye.
B: Goodbye, Mr. Krishner. Take care.
A: Thanks, you too.

   A: さてと，ジム，そろそろおいとまするよ。
   B: さようなら，クリシュナーさん。お気をつけて。
   A: ありがとう。君もね。

☆目上の人から目下の人への表現

A: It was good to see you, Maria. Take care of yourself now!
B: I will, Mrs. Johnson. Bye now!

   A: 会えてよかった，マリア。身体には十分気をつけてね。
   B: はい，ジョンソンさん。それでは！

☆病気の人に対して

A: Goodbye, Mr. Harper. Please take good care of yourself.
B: Thank you, William. I appreciate that.

   A: さようなら，ハーパーさん。お大事になさってください。
   B: ありがとう，ウィリアム。本当にありがとう。

フォーマル？カジュアル？

　英語学習者にとって，表現のフォーマルとカジュアルの使い分けはなかなか難しいものです。知っているフレーズを使うのが精一杯で，そこまで気が回らないという人も多いのではないでしょうか。

　たとえば，同じ内容のフレーズでフォーマルとカジュアルを比べてみるとします。「飲み物はいかが？」と言いたいときに，"Would you care for something to drink?" と言うと，かしこまったフォーマルな表現になります。しかし，"Do you want some tea or coffee?" になると，よりくだけた表現になり，さらに "Want a drink?" になると，カジュアルでフレンドリーな表現になるというわけです。同じことを言うにもこれだけバリエーションがあるので，逆に使う側としてはいつどの表現を使えばよいのかその判断が難しいと言えます。

　しかし，原則的に会話中はフォーマルとカジュアルの言葉が入り混じるのが一般的なので，あまり深く意識しすぎることはありません。基本はカジュアルだけど，フレーズによっては少しフォーマル，といった話し方をする人はネイティブにもたくさんいますし，最終的に会話がフォーマルかカジュアルかどうかは，一言一言ではなく，全体の「平均」によって決まります。

　ただ，1つだけ注意したいのが，あまりにもフォーマルとカジュアルの度合いが違う言葉を一緒に使うと，不自然な響きになってしまうということです。「飲み物はいかが？」のたとえで言うと，"Would you care for ...?" の後に，"Gotcha!" と言うのは，やはりギャップが大きすぎるということです。

6 "Don't you …?" はぶしつけ？

Q "Don't you …?" という疑問文は丁寧か。

あなたは会議の進行をしています。予定されていた議題はすべて話し終えたので，これ以上意見が出なければ，会議を終わりにしようと思います。ここで最後に確認のために "Don't you have any more comments?" と聞きますか。

【●日本人の混乱ポイント】日本語では「…ですか？」よりも「…ではありませんか？」と否定形で相手に尋ねるほうが丁寧とみなされることがありますが，英語でもこのような聞き方はするのでしょうか。

米・英ともにほぼ全員が「言わない」と回答しており，非常に否定的な意見が多く寄せられた。理由としては，「もっと意見があるはずだと言っているみたい」という回答が多く，その結果として「意見が出ないことを責めている」「もっと意見が出なくてがっかりしているという印象を受ける」という意見が多かった。

➡日本人は6割近くが「言う」と回答しているが，決してよい印象は与えない言い方であり，避ける方が無難と言える。

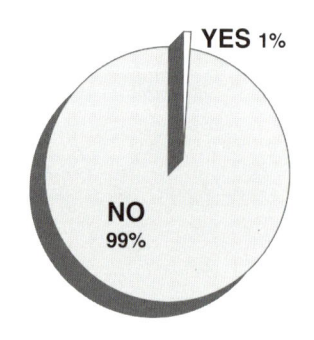

YES 1%
NO 99%

NATIVE の実際の声！

- The use of negatives in questions generally expresses a contradiction to the expectations of the speaker.（通常，否定疑問文は，話し手の期待に反する事柄を表す。英♀30代）
- Sounds accusatory.（責めているように聞こえる。米♀10代）
- It sounds as if the chairman is blaming the participants for having no opinions.（まるで議長がほかに意見がないことを責めているような感じがする。英♂40代）
- It does sound threatening.（高圧的に聞こえる。英♂20代）
- It's really rude.（ひどく礼を欠いた言い方だと思う。米♀20代）
- "Don't you have any more comments?" suggests that people are supposed to have comments ready to say.（出席者には言うべきコメントがあると決めつけているような印象を受ける。米♀10代）
- That sounds like you are surprised and disappointed that no one has any more questions.（この表現だと，誰もほかに議論すべき問題がないことに対して驚き，また失望しているという感じがする。英♀10代）
- If I knew that someone else there had something they wanted to say, and I thought maybe they forgot, I would say, "Don't you have something to add?".（その会議の場にいる人の中にまだ発言したい人がいるのを知っていて，その人たちが言うのを忘れているようだったら，"Don't you have something to add?"（何かつけ加えることはありますか？）とうながすと思う。米♂20代）
- This would only be said if you haven't received what you perceive as being sufficient comments.（自分にとって満足のいくコメントが得られなかったと感じているような場合に限り，言うと思う。米♂20代）

NATIVE の結論

Does anyone have any more comments?

5章　日本語発想の的外れ

FURTHER THINKING

"Couldn't you …?" という依頼は丁寧か？？

【シチュエーション】"Could you …?" は丁寧な依頼の表現ですが，この場合はどうでしょうか。否定にしたら，さらに丁寧な表現になるのでしょうか。

Q 通りすがりの人に時間を尋ねようと思います。その際，**"Couldn't you tell me what time it is?"** と聞きますか。

米・英ともにほぼ全員が「言わない」と回答しており，非常に否定的な意見が多かった。理由としては「失礼」「すでに断られていて，しつこくお願いしているように聞こえる」などの意見が挙げられた。代わりの表現としては，肯定形にした "Could you tell me the time [what time it is] (, please)?" が挙げられた。

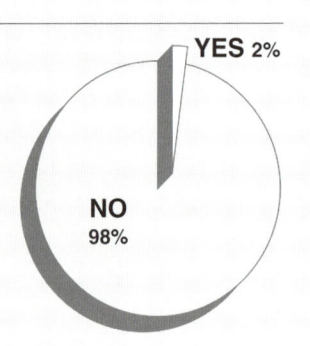

YES 2%
NO 98%

バーダマン先生の Example Conversation

日本語では依頼や提案をする場合，否定形で尋ねるとより丁寧になりますが，英語では否定形を使うと相手に意見などを強要するような印象を与えてしまい，礼儀を欠いた表現になる場合があります。

☆意見や質問を聞くような場合

Are there any more ideas or comments?
ほかに何かご意見等はございませんか？

Does anyone have any questions about this matter?
このことに関して何かご質問のある方はいらっしゃいませんか？

☆相手を非難する場合

A: Couldn't you find some way to help me?
B: I've already told you that there is nothing more that I can do.
A: なんとかして私を助けていただけませんか？
B: 前にも話した通り，これ以上私にできることは何もないよ。

☆提案したい場合

A: How are we going to get downtown?
B: Couldn't we get Nancy to drive us?
A: 街までどうやって行こうか？
B: ナンシーに乗せて行ってもらえないかな？

7 eatは品がない？

Q 「食事中」と言いたいときは **eat** と **have** どちらを用いるべきか。

家で食事中に電話がかかってきました。「食事中なので今は話していられない」と断るとしたら，以下のa)，b) のどちらが適切だと思いますか。
a) Sorry, I can't talk now. I'm having dinner.
b) Sorry, I can't talk now. I'm eating dinner.
c) どちらもおかしい

【● 日本人の混乱ポイント】「食べる」という行為を最も直接的に表現する動詞としてeatがありますが，haveの方がより間接的で上品だという意見もあります。実際はどうなのでしょうか。

　米・英ともにa) のhaveと答えた人が多くさまざまなコメントが寄せられた。主な理由としては，「eatは直接的すぎるのでhaveの方が上品」という意見が多く挙げられた。

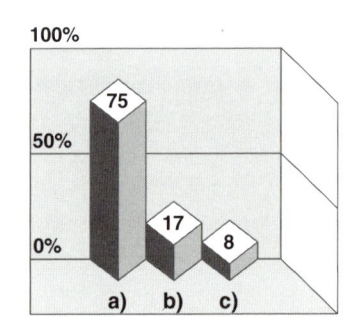

a) 75　b) 17　c) 8

NATIVE の実際の声！

- "Have" sounds very natural English. （have の方が自然な英語だと感じる。英♀30代）
- "Have" is slightly more elegant. （have を使った方が多少上品だと思う。米♂30代）
- "Having" sounds more polite / formal — which is important when you are apologizing. （having の方がより丁寧できちんとした感じがする。（電話に出られないことを）謝る場合にはそのような点が重要だと思う。英♂20代）
- I would say either really, it doesn't really matter, but I believe I've said "have" in the past. （実際には両方言うと思うし，どちらでも大して違いはないが，自分が使ったことがあるのは have だと思う。米♂20代）
- I would say either one of them, honestly. （正直なところ，どちらも使うと思う。米♀20代）
- "Having" is less graphic than "eating". For that reason it is more elegant. （having の方が eating よりも視覚的にイメージしにくいので，より上品な感じがする。英♂20代）
- In this case it is polite not to mention "eat" as it conjures up images for the person you are talking to. （eat を使うと電話してきた相手に食べている姿を具体的に想像させてしまうので，この表現を避ける方が礼儀にかなっている。英♀20代）
- "Having dinner" implies more of an event where the whole family is gathered, while, "eating dinner" sounds like you're just eating. （having dinner だと家族全員が集まる会食というイメージが強いのに対し，eating dinner だと単に食べているだけという感じがする。米♀30代）
- "Having dinner" is better as it implies that you're not just going to finish literally eating and then phone them back. It encompasses the whole meal time. （having dinner だと，文字通り食事を済ませてすぐに電話をかけ直すということではなく，食事の時間全体をさすことになり，より適切。英♀20代）

NATIVE の結論
Sorry, I can't talk now. I'm having dinner.

バーダマン先生の Example Conversation

同じような意味を表す表現であっても，直接的な言葉よりも間接的な言葉のほうが上品になる場合があります。「食べる」というのはその顕著な例で，その行為自体を伝えないのも一つの方法です。

A: Hello, Andrew. Have you got a minute?
B: Actually, we're having dinner now. Can I call you back later?
 A: もしもし，アンドリュー。今，大丈夫？
 B: 実は今夕飯を食べているところなんだ。後でかけ直してもいい？

A: I hope I'm not interrupting you in the middle of dinner.
B: No, we've already had dinner.
 A: お食事中にお邪魔でなければいいのですが。
 B: 大丈夫です，もう夕飯は済ませました。

A: Hi, Kevin, this is Paula. Do you have time to talk now?
B: Actually, I'm tied up at the moment. Could I call you back in an hour or so?
A: Sure, that's fine. Talk to you later.
 A: もしもし，ケビン，ポーラです。今，話す時間ある？
 B: 実は今，立て込んでて。1時間後くらいにこちらからかけ直してもいい？
 A: わかった，それでいいよ。また後でね。

ONE POINT COLUMN

食べ物は紙袋に

　かつてアメリカでは，レストランで外食した際に残った骨や肉のかけらを袋に入れてもらい，ペットの犬のために持ち帰る習慣がありました。このことから，アメリカでは食べ物の残りを持ち帰る際に使われる（紙）袋をdoggy bagと呼びます。元々は「ペット用」に食べ物を持ち帰るための袋として名づけられたdoggy bagですが，現在では，主に食べ残しを丸ごと入れて持ち帰るための「人間用」の袋をさします。いまだにdoggy bagという名前が使われているのは，「犬のために持って帰る」と言ったほうが聞こえがいいからなのかもしれません。

　また，doggy bagとは別に，brown bagという言葉をよく耳にします。brown bagとは，「持ち込み弁当」のことで，たとえば昼間に会議やそのほかの集まりがあるときは，bring a brown bag lunchと指示されることがあります。これは，お昼ご飯を持ち込んで，会議中に食べていいということを意味します。

　brown bagと言われても日本人にはピンとこないかもしれませんが，アメリカではお弁当箱というものがなく，学校などのお昼にもたいていサンドイッチやリンゴを茶色い紙袋に入れて持参します。小学生低学年まではかわいいキャラクター物のランチボックスを持参する子供もいますが，ある程度大人になると，食べたら捨てられるbrown bagは手軽で，場所も取らないので重宝されているようです。

6章

丁寧なつもりの不謹慎

1 本人を前にして he は失礼？

Q 目の前の人をさして，**he [she]** と呼ぶのは失礼か。

友人の Mary が買い物をしているのをお店の外で待っていると，通りすがりの男性に美術館への道を聞かれました。あなた自身，その辺りのことはあまりよく知らないので Mary に聞いてみようと思います。Mary が出てきたらその男性の前で "Mary, he's looking for the museum. Do you know where it is?" と聞きますか。

【●日本人の混乱ポイント】日本語と比較して英語は代名詞を多用する言語だと言われることがありますが，男性はつねに he，女性は she でよいのでしょうか。

米では「言う」，英では「言わない」と答えた人がそれぞれ多く，米・英で結果が大きく分かれた。ただし，米で「言う」と回答した人の中にも，「this gentleman などの表現の方が丁寧」というコメントが見られた。「言わない」という回答の多かった英では，「本人の前でその人を he と呼ぶのは失礼」という意見が目立った。両国共に this gentleman [man] という表現の方が he よりも丁寧と考えられている点では共通しているようだ。

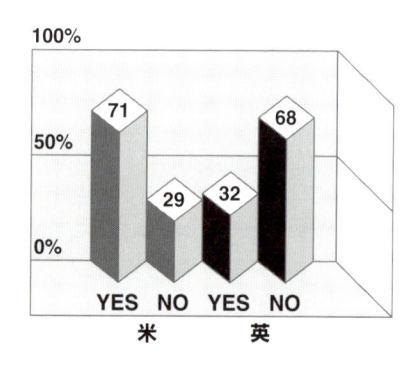

米: YES 71, NO 29
英: YES 32, NO 68

➡日本人の9割程度は「言う」と答えており，特にイギリス人から「失礼だ」と思われる危険性が高い。

【参考】同じ状況で，道を尋ねてきたのが女性の場合も聞いてみたが，結果は同様で，代わりの表現としては this lady [woman] という意見が多かった。

NATIVE の実際の声！

YES

- Yes, it's informal, but okay.（くだけた表現になるが，問題ないと思う。米♂30代）
- It is not rude to use "he" or "she" especially when you do not know the person's name that you are addressing.（話している相手の名前を知らない場合であれば，he や she を使っても失礼にはあたらない。米♂20代）
- A more polite way to say it would be, "Mary, this gentleman is looking for the museum. Do you know where it is?"（he や she でも問題はないが，"Mary, this gentleman is looking for the museum. Do you know where it is?" の方がより丁寧な表現だと思う。米♀20代）

NO

- "He" would sound rude if the man were there.（本人が目の前にいるなら he は失礼だと思う。英♀30代）
- If a name is not known, avoid referring to the person.（名前がわからないのであれば，その人のことを言うのは避けるべきだ。英♀20代）
- This is something that has been passed onto me from the older generations and I believe is not considered as bad manners as it used to be. It should still be avoided.（こうした表現を避けるというのは上の世代から言われてきたことだが，今では昔ほど失礼なことだと考えられてはいないと思う。とは言え，今でも避けるにこしたことはない。英♂20代）

NATIVE の結論

🇺🇸 He's looking for the museum.
🇬🇧 This gentleman [man] is looking for the museum.

バーダマン先生の Example Conversation

英語では，本人を目の前にしてその人のことを he / she と呼ぶのは失礼と考えられる場合がよくあります。this gentleman [lady] という表現が一般的ですが，その場の状況や会話の流れから，適切な対応をすることが大切です。

A: Excuse me, sir. Do you know where the Modern Art Museum is?
B: I'm afraid I don't, but let's ask this policeman .... Excuse me, officer, this gentleman would like to know where the Modern Art Museum is.

 A: すみません。現代美術館へはどう行けばよいかご存じですか？
 B: すみません，ちょっとわからないですね。そこの警官に聞いてみましょうか。すみません，こちらの方が現代美術館へ行きたいそうなんですが。

☆言葉の通じない相手からの通訳をする場合

A:『すみません，駅がどの辺にあるかご存じですか？』
B: Jerry, this lady would like to know where the train station is.
C: Tell her it's two blocks down this street.

 A: すみません，駅がどの辺にあるかご存じですか？（日本語）
 B: ジェリー，この方が，駅がどこか知りたいって。
 C: この通りを2ブロック行ったところですって言ってあげて。

2 好き嫌いを like で言うと失礼？

Q すすめられたものを断りたいときに **don't like** というのはよくないか。

最近近所に越してきたお宅に食事に誘われました。あなたは魚が苦手なのですが，相手はそのことを知らず，魚料理をすすめられてしまいました。ここで "Sorry, I don't like fish." と言いますか。

【●日本人の混乱ポイント】「…が好きではない」ということを相手に伝えたいとき，真っ先に頭に浮かぶのが "I don't like ..." という表現だと思いますが，果たしてネイティブもそう言うのでしょうか。

　米では「言わない」という回答が大多数を占めた。英の場合も，意見がほぼ2つに分かれたものの，「言わない」と答えた人の方がわずかに多かった。このようなシチュエーションで like を使って好き嫌いを理由に断ることは米・英では不適切と考える人が多いようだ。

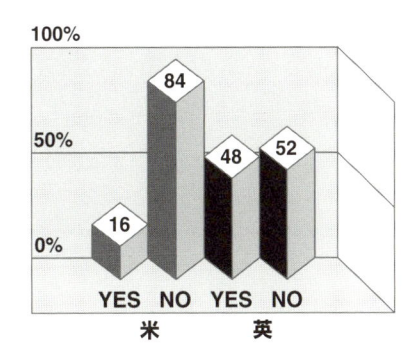

	米		英	
	YES	NO	YES	NO
%	16	84	48	52

6章　丁寧なつもりの不謹慎　175

NATIVE の実際の声！

YES
- No harm in being honest.（正直に言って損はない。英♂10代）
- Could use "eat" instead of "like".（(don't like でも問題ないが) like の代わりに eat を使ってもいいと思う。英♀30代）
- I could say this, but may soften it with "really", as in "I don't really like fish."（don't like とも言えるが,"I don't really like fish."（魚はちょっと苦手なんです）のように，really を使って語調を和らげて使うと思う。英♂30代）

NO
- "Don't like" makes you sound rude.（無礼な印象になる。英♂30代）
- Too direct, almost impolite.（直接的すぎて失礼。米♂40代）
- It sounds a bit harsh, and might insult the person offering the food.（少々きつい感じがして，ごちそうしてくれる相手を侮辱することにもなりかねない。米♀30代）
- It seems blunt, short and sharp.（ぶっきらぼうでつっけんどんで，刺々しい感じがする。英♂20代）
- The word "like" in this situation is a little bit rude. It's fine if you know the people better, however.（このような状況で like を使うのはいささか失礼。もっと親しい相手であれば問題ない。米♂20代）
- Lie and say you're allergic!（アレルギーだとうそをつく。米♀20代）
- It's rude. You should accept what is given to you.（無礼。出されたものは食べるべきだ。米♂20代）

NATIVE の結論
何も言わず，無理してでも食べる。

🇺🇸 No, thank you.
　I'm sorry, but I don't care for fish.
🇬🇧 I'm sorry, but I don't [can't] eat fish.

バーダマン先生の Example Conversation

何かを嫌いだと言いたい場合，はっきり言うと失礼にあたる場合があります。相手がそのものを非常に気に入っている場合もあるため，嫌いであるということは婉曲的に表現しておく方がよいでしょう。

A: Would you like some anchovies with your sandwich, Roy?
B: Actually, I don't care for anchovies very much.
    A: ロイ，サンドイッチにアンチョビを入れる？
    B: 実は，アンチョビ苦手なんだ。

A: Do you like to watch football?
B: I'm afraid <u>I don't care much for</u> football. <u>I really don't understand it.</u>
    A: アメフトは好きですか？
    B: ごめんなさい，あまりアメフトには興味ないんです。よくわからなくて。

A: There's a great horror film on at the Strand. Want to go see it?
B: Greta, <u>I'm not too fond of</u> horror films. How about something else?
    A: ストランド街ですごいホラー映画をやっているけど，観に行かない？
    B: グレタ，僕はあまりホラー映画得意じゃないんだ。何か別の物にしない？

3 人のご主人は your husband？

Q 他人の配偶者をさして「…さんの husband [wife]」という言い方は失礼か。

友人である Williams 夫人の家にお邪魔して帰るところです。ご主人は不在だったので、よろしく伝えてもらうことにしました。ご主人の名前を知らない場合、ご主人のことを何と呼べばいいのでしょうか。以下の a), b) のいずれが適切だと思いますか。
a) Please say hello to your husband.
b) Please say hello to Mr. Williams.
c) いずれも不適切

【●日本人の混乱ポイント】米・英では、個人を尊重するため、「…さんの」husband [wife] といった言い方は失礼だと言われることがあります。実際どうなのでしょうか。

米・英ともに a) の your husband という回答が最も多かった。理由としては、特に友人のご主人に対して Mr. Williams では「よそよそしすぎる」、「固すぎる」というコメントが多く見られた。

➡ 日本人は5割以上が Mr. Williams を選択しており、注意が必要である。

【参考】同様に your wife という言い方についても聞いてみたところ、結果は husband の場合とほぼ同じであった。

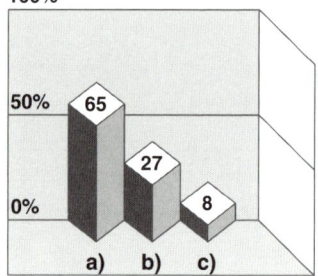

a) 65
b) 27
c) 8

NATIVE の実際の声！

a)
- If she's my friend, saying "Mr." to refer to her husband is too polite.（友達のご主人の場合，彼女のだんなさんに Mr. をつけるのは丁寧すぎる。米♂20代）
- It would be better to use his name but if you don't know the name, it is more familiar to use "your husband" than "Mr. Williams."（名字ではなく名前で呼ぶのがいいと思うが，もしファーストネームを知らない場合は your husband を使う方がより一般的。英♀20代）
- If they're friends, it's probably more natural to use her husbands first name.（友達であればご主人の下の名前を使う方が自然だと思う。米♀30代）
- Since women nowadays often do not take their husband's names, "husband" is a safer choice.（最近では夫婦別姓の場合もしばしばあるので husband と言う方が無難。米♂20代）

> ▶ 上記の「夫婦別姓」を理由とした意見は，特に米で多かった。

b)
- You should add "for me" at the end, otherwise you might be causing some confusion!（文章の最後に for me とつけ加えないと，誤解を招く可能性がある。英♀20代）

> ▶ husband と Mr. Williams という違いのほかに，どちらの例文も不完全というコメントが特に英で目立った。上記のように for me をつけないと，2人がまるであいさつも交わさない夫婦のように聞こえる可能性があるという意見も見られた。

NATIVE の結論
Please say hello to your husband (for me).

バーダマン先生の Example Conversation

> 英語では，自分が面識のある相手でない限り，その場にいない人についてよろしくと言う習慣はありません。ですから「よろしく」と言うのは，常に自分が相手の顔を知っている場合のみです。

☆ビジネスの場合

A: Thank you for your time, Mr. Wilson. And please give my regards to Mr. Jackson.
B: I'll certainly do that.
>A: お時間をいただきありがとうございました，ウィルソンさん。ジャクソンさんにもどうぞよろしくお伝えください。
>B: 了解いたしました。

☆プライベートでフォーマルな場合

A: Thank you very much for inviting me to lunch, Dr. Watson. Please give my best to your wife.
B: I certainly will. She's sorry she couldn't join us today.
>A: ランチに招いてくださってどうもありがとうございます，ワトソン博士。奥様にもよろしくお伝えください。
>B: 伝えておきます。今日は来られなくて残念がっていましたよ。

☆プライベートでカジュアルな場合

A: Great to see you, Terry. Say hi to Clara for me, will you?
B: Will do. You take care now, okay?
A: Thanks. Same to you.
>A: 会えてよかったよ，テリー。クララにもよろしく言っておいてくれる？
>B: わかった。じゃあ，気をつけてね。
>A: ありがとう。君もね。

会話の話題はなにがいい？

　英語学習者にとって，会話で自ら話題を提供したり，話を始めたりするのはなかなか難しいものです。特に，よく知らない相手にはどんな話題をふればいいのかわからない人も多いのではないでしょうか。そういうときには，日本語でもよく使う天気ネタは便利です。"Isn't it a beautiful day today?"（いい天気ですね）や"I wish this rain would stop."（あいにくの雨ですね）などは相手を選ばず使える話題なので，米・英問わず一般的です。

　また，少し親しい相手には家族のことなどを聞くのもよいでしょう。たとえば，"How's everyone at your house?"（家族の皆は元気？）や"What's up with your family?"（家族の皆はどうしてる？）といった家族ネタはよく使われます。この場合，相手は一言で簡単に答えることも，また具体的なエピソードを交えて詳細に答えることもできます。自分が話すのに自信がなくても相手が答えやすい話題をふることによって，相手から話題を引き出して，会話上手になることができます。

　そのほかにも，話題としてはたとえば流行のテレビ番組など俗っぽいことについてでもOKです。また，政治，宗教，セックスの話題はタブーと思われがちですが，必ずしもそうではありません。会話では「何を」話すかではなく，「どのように」話すかが大事です。デリケートな話題については，"What do you think about ...?"（…についてどう思う）と慎重に切り出せば問題もなく，さらに会話も広げることができるでしょう。

4 Iが先頭だとでしゃばり？

Q みんなの手柄を話すとき，Iは何番目に言うべきか。

サッカーの試合で，Kevin, Tom, Richardの3人がそれぞれ1点ずつ入れて勝つことができました。試合の後でKevinがTomに "I, you and Richard did a good job." と言いました。この発言は適切だと思いますか。

【●日本人の混乱ポイント】英語では，一人称（I），二人称（you），三人称（he / sheほか）を主語として用いる場合，You, he, Iの順でIを最後にするのが一般的だと言われています。では，自分の手柄を語るときにIを先頭にするとどのような印象になるのでしょうか。

　米・英ともに「不適切である」という回答が圧倒的に多かった。理由としては，「文法的におかしい」というものが多かったが，そのほかにもさまざまなコメントが寄せられ，この問題は単に文法の問題とも言えないようである。
➡日本人では2割以上が「適切である」と回答しており，注意が必要である。

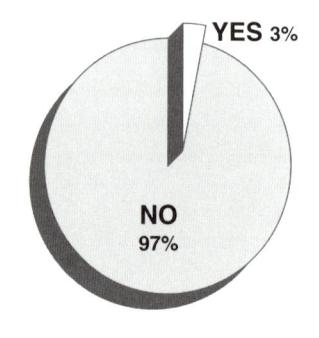

YES 3%
NO 97%

NATIVE の実際の声！

- Not proper grammar.（文法的に正しくない。米♂20代）
- Grammatically, it is wrong.（文法的に言えば，間違っている。英♀20代）
- Sounds arrogant.（横柄な感じがする。米♀20代）
- This is impolite and it sounds funny.（礼を欠いているし，おかしな感じがする。米♀40代）
- Sounds egotistical.（自己中心的な感じがする。米♀30代）
- Too arrogant — put others first!（横柄すぎる。ほかの2人の名前を先にするべきだ。英♀30代）
- It sounds like "I" is being pompous.（このようにIを用いると仰々しい感じがする。英♂20代）
- It is unusual to put "I" first, possibly because it implies the others were added as an afterthought.（Iを先にすると，後からほかの2人を思い出してつけ加えたという印象を与えてしまうので，不自然。英♂40代）
- It is how people like the queen speak and not normal British people.（まるで女王のような話し方で，一般のイギリス人はこのような表現はしない。英♂10代）
- In a team sport, you would not single out the scorers as the only ones who did a good job. The scorers could not have scored without the help of the entire team. We have a saying: "There's no "I" in TEAM."（団体競技においては，得点に貢献した個人の活躍をたたえたりはしない。チーム全員の協力があってこその得点なので。「チームにおいては個人はない」ということわざもある。米♀20代）

➡ 上記のような意見から，文の主語を we にまとめるという意見も比較的目立った。ただし，米・英を問わず，I を me に置き換えると，文中で比較的自由な位置におけるようである。

NATIVE の結論
You, Richard and I did a good job.

6章 丁寧なつもりの不謹慎

FURTHER THINKING

悪いことについて話すときはどうか？？

【シチュエーション】手柄について話すときに，Iを先頭にすると，「不適切」という意見が多いようですが，過失について語るときは，Iを先頭にするとどのような印象になるのでしょうか。

> **Q** Kevin, Tom, Richardの3人はサッカーをしていて，学校の窓ガラスを割ってしまいました。先生に誰がやったのか聞かれたとき，Tomは "I, Kevin and Richard did." と答えました。この発言は適切だと思いますか。

手柄ではなくミスについて話す場合は，米・英ともにIを先頭とする語順の許容度が10％以上にまで上がった。「不適切」という回答の理由としては，「文法的におかしい」というものが圧倒的に多かったが，「適切」という回答の理由としては「責任を引き受けようとしている印象を受ける」という意見が多かった。

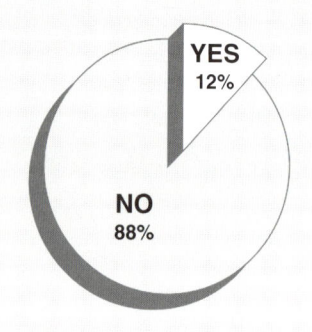

YES 12%
NO 88%

バーダマン先生の Example Conversation

> 何人かの名前を列挙する場合，日本語では「私」を入れる場所がどこであっても意味が変わることはあまりありませんが，英語においては通常，Iやmeは最後に置くのが無難と言えるようです。

A: A bunch of us went to the beach on Sunday.
B: Who went?
A: Delia, Cantrell, Vince and I went.
 A: 日曜にみんなで海に行ってきたんだ。
 B: 誰が行ったの？
 A: ディーリア，キャントレル，ビンスと，私。

A: Who's on the desk duty list?
B: Mark, Becky and I will take care of that.
 A: 今日は誰が内勤の当番？
 B: マークと，ベッキーと，私が担当します。

Send the form back to Bill or me, either one.
 書類はビルか私のどちらかに返送してください。

☆よりあらたまった場面

The meeting will include Todd Forman, Richard York and myself.
 会議には，トッド＝フォーマン，リチャード＝ヨーク，そして私が出席いたします。

5 女性の呼び方は？

Q 結婚しているかどうかわからない女性に話しかけるときはどう呼びかけるべきか。

未婚か既婚かわからない女性に対して以下の a)〜c) のいずれを使いますか。
a) Miss
b) Mrs.
c) Ms.
d) いずれも不可

【🇯🇵 日本人の混乱ポイント】結婚している女性には Mrs.、結婚してない女性には Miss、またどちらの場合でも Ms. は用いることができる、と教わることが多いようです。実際に相手が結婚しているかどうかわからない場合にはどの呼び方が一般的なのでしょうか。

米・英ともに c) の Ms. が過半数を超える結果となった。理由としては、「未婚か既婚かわからないのであれば、Ms. が最も安全」という意見が多かった。

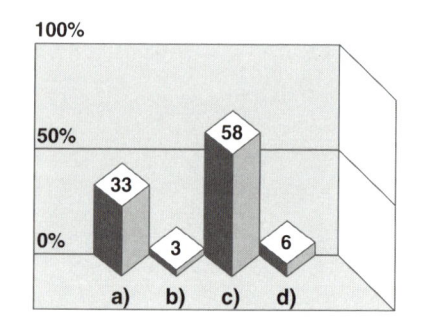

	a)	b)	c)	d)
	33	3	58	6

NATIVE の実際の声！

a)
- Even if the woman is noticeably older (past the "Miss" prime) she will be flattered if you call her "Miss."（見るからに未婚という年齢ではない場合であっても，Miss と呼ばれればうれしいと思う。米♀30代）

c)
- That's what I've been taught is correct.（Ms. を用いるのが正しいと教わった。米♀20代）
- To refer to a woman unknown of her marital status, "Ms." is the best option.（未婚か既婚かわからない女性に話しかけるなら Ms. を使うのが間違いないと思う。米♂20代）
- Certainly when writing I would use "Ms.", but when speaking it sounds silly and is almost impossible to pronounce.（書き言葉としては間違いなく Ms. を使うけれど，話し言葉としてはおかしな感じがするし，発音するのがすごく難しいと思う。英♂40代）

  ➡英ではこのような意見も比較的多く見られた。

- If you are speaking to a young woman, you may use "Miss" if you do not know.（結婚しているかどうかわからない若い女性に話しかける場合であれば，Miss を使ってもいいと思う。米♂20代）

  ➡相手を若い女性に限定するのであれば Miss でもよいという意見が米・英ともに見られた。

NATIVE の結論
Ms.

バーダマン先生の Example Conversation

> 女性の敬称を間違えた場合，たいていは相手が会話の中で訂正してくれるか，手紙の場合だと，最後に (Mrs.) Nelly Smith のように記してくれることがあります。そのような場合，特に謝る必要はなく，次から相手が示したように言い換えれば問題はありません。

A: Excuse me, are you Ms. Porter?
B: Yes, I'm Mrs. Porter.
A: Mrs. Porter, I have a message for you.
 A: 失礼ですが，ポーターさんですか？
 B: はい，ミセスポーターです。
 A: ミセスポーター，ご伝言を承ったのですが。

☆自己紹介の際に既婚・未婚にふれない場合

A: It's a pleasure to meet you. I'm Ralph Stanley.
B: How do you do, I'm Elizabeth Stanton.
A: Thank you for coming to see us.
 A: お会いできて光栄です。ラルフ＝スタンレーと言います。
 B: はじめまして。エリザベス＝スタントンです。
 A: お越しくださり，ありがとうございます。

ジェンダーの問題

　「相手を傷つける意図はなくても、ある表現が結果的に相手の気分を害しているならば、その表現を変えるべきである。」これはアメリカの差別用語に関する意識です。アメリカでは、日本に比べ差別用語に対する意識がとても高く、毎年さまざまな表現についてそれが差別的でないか、政治的に正当（political correct）かどうかということが指摘、議論され、表現の改善が行われています。

　political correctness をめぐる表現の議論はそもそものスタートが人種問題だったのですが、最近では性差問題もその議論の対象となっています。(→P.67コラム参照) たとえば、大人の女性のことを girls と呼ぶのは軽い感じがして失礼だということで、「women と呼ぶべきだ」というような認識が今ではアメリカの常識としてあります。また、男性の Mr. に対して、女性も既婚・未婚で呼称が変わるのはおかしいという考え方から、Ms.（Miss と Mrs. の混成語。既婚・未婚を区別せずに用いる）という新しい敬称表現が生まれました。

　また近年日本でも定着し始めていますが、stewardess など女性のイメージのある職業名は性に関係のない flight attendant という呼称に、spokesman や salesman といったもともと男性のイメージが強い職業も spokesperson や salesperson と性差が関係のない表現が用いられるようになりました。

　呼び方を変えたからといって差別がすぐになくなるわけではありませんが、呼び方と共に人々の意識も変わりつつあるのは確かです。英語を話すときには特に political correctness には気をつけたいものです。

6 regretは謝罪になる？

Q 謝るときにregretは使えるか。

Tomは誤って友人のノートパソコン（laptop）を落として壊してしまいました。そこで，謝ろうと思って"I regret that I dropped your laptop."と言ったのですが，この謝り方は適切だと思いますか。

【●日本人の混乱ポイント】regretは日本語の「後悔する」にあたる言葉ですが，"I regret ..."と言えば，何かに対して申し訳ないという気持ちが伝えられるのでしょうか。

米・英ともに「不適切と感じる」という回答が圧倒的に多く，理由としては，「この表現では心から謝っている感じがせず，不誠実な印象を受ける」「責任逃れをしているみたい」という意見が多かった。少なくとも，この場合，regretでは謝罪の気持が伝わらない可能性が高い。

➡日本人は2割以上が「適切である」と回答しており，注意が必要である。

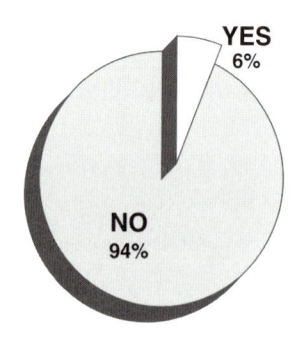

YES 6%
NO 94%

NATIVE の実際の声！

- Lacks responsibility.（責任を感じていない印象を受ける。米♀20代）
- If you say you "regret" it sounds like you don't really mean it.（regret では心がこもっている感じがしない。英♀10代）
- It's too formal and doesn't sound sincere.（形式的で誠実な感じがしない。米♂30代）
- It's not heartfelt enough and needs to appear to be more sincere.（十分に心がこもっている感じがしないので，もっと誠実な態度をとるべきだ。英♀30代）
- "Regret" is a bit more businesslike.（regret は少し事務的な感じがする。米♀30代）
- It's not a personal apology.（regret は，個人的な謝罪ではない。英♀30代）
- "Regret" is for formal, written correspondence.（regret は格式ばった書式で使われる表現。英♂30代）
- Doesn't sound genuine, sounds very mechanical.（本心という感じがせず，とても機械的。英♂20代）
- No, it makes him sound like a robot.（まるでロボットのような感じがするので言わない。英♂30代）
- "Regret" sounds like he is not really sorry, or sincere in admitting it was his fault.（regret を用いると，本当に申し訳ないと思っておらず，誠意を持って自分の過失を認めようとしていない印象を受ける。英♀20代）
- It distances himself from the act. He is sorry that it happened, but not sorry for doing it.（regret という言葉は自分の行動を他人事のように見ている印象を与える。パソコンが壊れてしまったことは残念に思っていても，自分が落としたことを申し訳ないと思っていない感じがする。英♀30代）

NATIVE の結論

I'm so [very] sorry (I dropped your laptop).
（＊さらに I would like to pay for repairs. といった言葉を続けるという意見も見られた）

バーダマン先生の Example Conversation

謝罪をする際には、ストレートに「すみません」と謝るのが会話においては適当です。regret は、公式の場での謝罪文やビジネスにおける文書などではよく目にします。

<u>I'm very sorry that</u> I lost your important book. I don't know how to make it up to you.
　　大事な本をなくしてしまい、本当に申し訳ありません。おわびの仕様もありません。

<u>I want to apologize for what</u> I said yesterday. It was mean of me to say that.
　　昨日言ったことについて、謝りたくて。あんなことを言って、大人気がなかったと思っています。

☆手紙の文面の場合

<u>We regret to inform you that</u> we are unable to offer you a position.
　　誠に残念ながら、貴殿の採用は見合わせることとなりました。

ONE POINT COLUMN

謝るのは言い訳？

　何か失敗・間違いを犯してしまって謝らなければならないとき，自分の失敗についての説明がすぎて，言い訳をしているような印象を与えてしまったという経験はないでしょうか。

　英語では逆に，そのような説明も，誠意ある謝罪の一部と見なされます。ちょっとした間違いであればもちろん "I'm sorry." と素直に謝るだけで十分ですが，もう少し深刻な場合は，失敗の理由を説明し，自分の行動に非があったことを伝えます。たとえば，"I shouldn't have borrowed your computer without your permission."（あなたの了承を得ないで勝手にコンピュータを使うべきではなかった）などですが，日本では場合によっては開き直った言い訳のように聞こえるこの台詞も，英語では素直に後悔していることを伝える適切な謝罪表現の１つです。また "I'll never do that again." といった，次回からの約束を口にしても好印象を与えることでしょう。

　謝罪には決まった規則があるわけではないので，カジュアルすぎて相手の気分を害したり，逆に過剰に謝りすぎて相手を困らせたりしないように，程度を見極めるのはネイティブでも難しいものです。必要以上に堅くならず，相手に対して申し訳なく思っている気持ちを正直に伝えるのがベストです。

7 「背が低い」は何と言う？

Q 「背が低い」は short でいいか。

身長が低めの男性を表す際に，以下のa)〜d) のいずれが最も適切だと思いますか。
a) a short man　　　b) a small man　　　c) a petite man
d) a man of below average in height　　e) いずれも不可

【●日本人の混乱ポイント】背が低いということを言う際に真っ先に浮かぶ英単語はshortだと思いますが，いつでも問題なく使える語なのでしょうか。

米・英ともにa) のa short manと回答した人が最も多かった。理由としては「一番ストレートな表現で，特に失礼にはあたらない」という意見が挙げられた。さらに他の表現に関しては「smallは身体だけでなく人間的にも小さいと言っているようで，子供以外に対しては失礼」，「petiteは女性的な表現なので男性に対しては失礼」といった意見が目立った。ただし，shortもほかの選択肢と比べれば無難とは言うものの，あまり話題にすべき事柄ではないだろう。

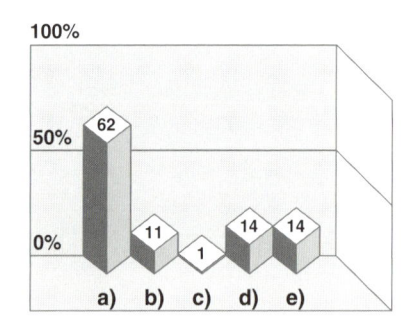

a) 62　b) 11　c) 1　d) 14　e) 14

【参考】女性についても同じ質問をしたところ，男性ではほぼ見られなかったa petite womanという回答が米・英ともに6割を超えていた。性別によって使い分ける必要があると言えるだろう。

NATIVE の実際の声！

a)
- This is factually correct and not offensive.（事実を正しく述べているというだけで，侮辱的にはならない。英♂30代）
- You can be a short man and fat so "small" doesn't work. "Petite" is associated with women. "A man of below average height" is too verbose.（背が低くて太っている場合もあるので small ではおかしい場合もある。petite は女性を連想させるし，a man of below average height ではくどいと思う。米♀30代）
- If you use "small" you might not just be talking about their height. If you use "petite", it is too feminine. "Below average height" is just politically correct stupidity which would never be used unless to take fun out of political correctness.（small は身長だけのことをさすわけではないし，petite では女性的すぎる。below average height は差別的でないというだけのおかしな表現で，政治的正当性のことを笑いものにする場合ぐらいにしか使われないだろう。英♀20代）

b)
- Although "small" is more general than "short", it is generally more acceptable than just calling a man "short."（small は short よりも一般的な語になるが，概して short より受け入れられやすい表現だと思う。英♂10代）

d)
- Politically correct term!（差別的でない表現。米♂20代）

e)
- However, whenever possible, try to describe the man by some of his other attributes rather than by his height.（身長の低い男性のことを説明する際にはなるべく背以外の特徴を話すべきだ。米♀30代）

NATIVE の結論

a short man

6章　丁寧なつもりの不謹慎

バーダマン先生の Example Conversation

相手の身体的特徴について話す際に言葉を選ぶのは，日本語も英語も同様です。デリケートな話題でもあり，失礼にあたる場合もあるため，会話の相手やそのときどきの状況に応じて，最も適切な表現を使うべきでしょう。

A: How will I recognize Elaine if I see her?
B: She's petite, has long blonde hair and likes to wear large pierced earrings.
 A: 相手がエレインだってわかる特徴ってありますか？
 B: 彼女は小柄で，金髪の長い髪で，よく大きなピアスをつけてるよ。

Sam's kind of short, has his hair cut short and wears a mustache.
 サムは，背は低めで，髪が短くて，ひげをはやしてるよ。

Kevin is rather small for his age, but is quite muscular.
 ケビンは年の割には小柄だが，かなりがっしりした体格だ。

The alleged robber is of below average height, has a scar on his right cheek and was last seen wearing blue jeans and a white T-shirt.
 強盗事件の容疑者は，小柄で右頬に傷があり，最後に目撃されたときにはジーンズと白いTシャツを身につけていた。

8 「やせている」と言いたいときは？

Q 「やせている」はthinでいいか。

やせた女性をさす表現で，最も好意的なのはa)〜d)のいずれですか。
a) a thin woman	b) a skinny woman
c) a slim woman	d) a slender woman
e) いずれも不可

【●日本人の混乱ポイント】やせていると好意的に言いたいとき，日本人が真っ先に思い浮かべる英語の表現の1つにslimがあると思いますが，米・英でも同じなのでしょうか。

米ではd)のslender，英ではc)のslimという回答が最も多かった。ただし，米のslender，英のslimはともに特に女性に対する好意的なニュアンスを含んでおり，非常に近いイメージで用いられているようである。thinとskinny，特に後者は米・英いずれでもあまりいい意味では用いられないようである。

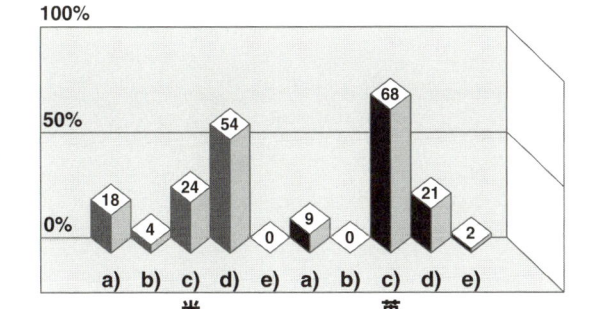

	米					英				
	a)	b)	c)	d)	e)	a)	b)	c)	d)	e)
%	18	4	24	54	0	9	0	68	21	2

【参考】男性についても同じ質問をしてみたところ，英では女性の場合とほぼ同じ傾向が見られる一方，米ではslenderが1割程度減り，代わりに「いずれも不可」という回答が1割程度まで増えた。

NATIVE の実際の声！

c)
- "Slim" suggests a good figure (not fat) but healthy. （slimはスタイルがよく（太っていなくて），かつ健康的な感じがする。英♀30代）
- "Slim" is by far the best way to describe a woman!! （女性をさして言うならslimが圧倒的にいい。英♀30代）
- "Thin" implies ill health; "skinny" implies scrawny; "slender" is perhaps a little old-fashioned. "Slim" is by far the most natural and common option. （thinは不健康，skinnyは貧弱なイメージで，slenderはやや古臭い表現。slimが一番自然で一般的な表現だと思う。英♀30代）
- "Thin" and "skinny" can sound very rude and people could take great offence. （thinとskinnyはとても失礼な表現で，言われた方はとても気を悪くする可能性もある。英♂10代）

d)
- "Slender" is the nicest. It means the whole figure is nice. （slenderはその女性の体型すべてを褒めることになり，一番いい表現だと思う。米♀30代）
- "Slender" sounds more like a compliment than jealous or disgusted. （slenderは嫉妬や嫌悪感抜きで褒めている感じがする。米♀20代）
- "Slim" is a nice generic term, but "slender" seems a particular term for a woman. （slimは男女の別なくいい表現だが，slenderは特に女性向きの表現だと思う。米♂30代）

NATIVE の結論
- a slender woman
- a slim woman

バーダマン先生の Example Conversation

「やせている」という単語は，人によって言われてうれしい場合といやな場合があります。言葉自体の意味ももちろんですが，そのことにコメントしていいか，場の雰囲気を読むことが必要です。

A: Have you seen Maria recently? She's really slim now.
B: She mentioned that she's been working out regularly.
    A: 最近マリアに会った？ すごくスリムになったよね。
    B: 欠かさず運動してるんだって。

Aretha is really attractive. She's slender, graceful and has a charming personality.
    アレサはとても魅力的です。きゃしゃで，上品で，それにかわいい性格をしています。

A: Wow, look at Wally!
B: Yeah, he used to be this skinny kid, but now he's bulging with muscles!
    A: まぁ，ちょっとウォーリーを見て！
    B: うん，子供の頃はあんなにガリガリだったのに，今じゃ筋肉隆々だね！

A: Jack just came out of the hospital and he looks really thin.
B: I hope he can get his strength back soon.
    A: ジャックが退院したんだけど，ひどくやせてしまっていたよ。
    B: 早く元気になるといいね。

9 いきなりファーストネームで呼ぶ？

Q 初対面の相手のファーストネームを呼ぶときには確認するべきか。

同年代・同性の人を紹介されました。相手に呼びかける際に、"May I call you X（ファーストネーム)?" とファーストネームで呼んでもいいか確認を取りますか。

【●日本人の混乱ポイント】英語ではお互いをファーストネームで呼び合うのが一般的だとされていますが、同年代で同世代の人を紹介された場合、まず確認する方がいいのでしょうか。

米・英ともに「確認を取ることはしない」という意見が圧倒的に多かった。理由としては「確認を取ると堅すぎる」という意見が多かった。いきなりファーストネームで呼ぶことや呼ばれることに対して米・英ではあまり抵抗を感じないことを示す結果となった。

➡日本人は同じ質問に対して、6割近くが事前に相手に了解を求めるという結果も出ているが、英語を話す上では相手をファーストネームで呼ぶことに慎重になりすぎる必要はない。

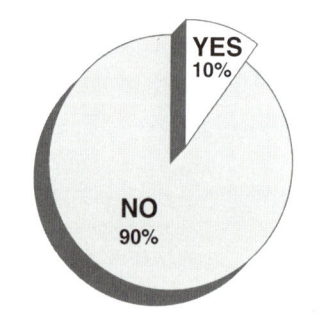

YES 10%
NO 90%

【参考】同じ状況で、相手が①同年代で異性、②年上で同性、③年上で異性の場合についても聞いてみた。性別の違いはほとんど影響がなかったが、相手の年齢が上がった場合は「了解を求める」という回答が増えた。たとえば、自分の両親くらいの年齢で同性の相手の場合に許可を求める人の割合は米・英ともに4割近くとなった。

NATIVE の実際の声！

- Too formal.（確認を取るのは堅苦しすぎる。米♀30代）
- He is close to my age and he is friend of my friend. There is no need for formality.（年齢が近くて友人のそのまた友人の場合，形式ばる必要はないと思う。米♂30代）
- It would seem impolite.（確認すると失礼な感じがする。英♂30代）
- It is awkward to use a last name when he or she is your peer.（同年代の相手に名字で話しかけるのはぎこちない感じがする。米♂20代）
- It would be very unnatural (and cold) not to use the first name of someone of the same age and sex.（同年代で同性の相手にファーストネームを用いないのはとても不自然，かつ冷たい感じがする。英♀30代）
- The only time I feel it is necessary to have to ask someone for permission to call them by their first name is when they are older than me and if I am meeting them for the first time.（ファーストネームで呼ぶのに確認が必要であると感じるのは，相手が年上で初対面のときに限る。米♂20代）
- If you were introduced to a superior, for example a professor or a doctor, by his/her full name, you should then address him/her by the appropriate title. You will then be told if they wish you to address them differently.（目上の相手，たとえば，大学教授や医者をフルネームで紹介された場合は，しかるべき敬称つきで呼びかけるべきだ。このような呼び方をしておいて，もしも相手が別の呼び方をしてもらいたい場合は，相手の方からそう言ってくれると思う。英♀20代）
- If it's in a business or military then it would be different.（仕事や軍隊でなら話は違うだろう。米♀20代）

NATIVE の結論
紹介されたら何も言わず，相手のファーストネームで呼ぶ

バーダマン先生のExample Conversation

> 初対面の相手に呼びかける場合，何と呼べばいいか迷うものです。自分のことを呼んでもらいたい名前があるときは，自ら「こう呼んでほしい」と伝えることが親切です。

A: How do you do, Mr. Jackson.
B: Nice to meet you. And <u>please call me "Pete."</u>
A: Okay, and please call me "Yuki."
B: All right.
   A: はじめまして，ジャクソンさん。
   B: お会いできてうれしいです。僕のことはピートと呼んでください。
   A: はい，じゃあ私のことはユキと呼んで。
   B: 了解。

A: My real name is Kenneth but <u>I go by</u> "Kenny."
B: Glad to meet you, Kenny. I'm Pete, Pete Warren.
A: Pleased to meet you, Pete.
   A: 本当の名前はケネスだけど，ケニーで通っています。
   B: どうも，ケニー。僕はピート，ピート＝ウォレン。
   A: よろしく，ピート。

ONE POINT COLUMN

認められたニックネーム

　アメリカ人では，お互いをニックネームで呼び合うのが一般的ですが，本名ではなくニックネームで通用する範囲が日本よりもずっと広いと言えます。日本だと，学校や職場などではまず本名で通さなければいけませんが，アメリカの学校では先生も生徒が申告する名前で呼ぶので，それが必ずしもファーストネームではないことがよくあります。

　愛称や通称で多いのはファーストネームの省略形で，アメリカでは名前の種類が少ないため，名前によってはそれぞれ定着したニックネームがあります。たとえば，男性の場合William→"Bill" OR "Will"，James→"Jim"，Robert→"Bob"などが，女性の場合はElizabeth→"Liz" OR "Beth"，Margaret→"Peggy" OR "Meg"，Katherine→"Kate"などがよくあります。

　そのほかには，F. Scott Fitzgerald（作家）の"Scott"のように，ミドルネームがニックネームになったり，Michael Jordan（元NBA選手）の"MJ"のように，イニシャルがそのままニックネームとして使われる場合もあります。Jennifer Lopezの"J-Lo"のように，名前と名字を部分的に組み合わせたニックネームや，John F. Kennedy（ケネディー元大統領）の"JFK"のように，ニュースに出てくる頭文字がそのままニックネームになる人もいます。

　これらはみんな，ニックネームというよりももう1歩進んで，社会からも認められた「通称」として幅広く受け入れられているものです。このように自分の呼称を選べるので，アメリカでは名前が気に入らないという悩みはあまりないのかもしれません。

10 呼び捨ては特権？

Q ファーストネームで呼ばせてもらうのに，お礼は必要か。

同年代・同性の相手に "Please call me X（ファーストネーム）." と言われたら "Thank you." とお礼を言いますか。

【🇯🇵 日本人の混乱ポイント】友人に同年代で同性の人を紹介されました。相手から「…と呼んでください」とファーストネームを言われた場合，それに対してお礼を言う必要はあるのでしょうか。

　米・英ともに「言わない」と回答した人が圧倒的に多く，このような場合にお礼を述べることはふつうではないようである。理由としては，「当たり前のことなのでお礼を言う必要はない」という回答が多く挙げられた。

YES 11%
NO 89%

【参考】同じ状況で，相手が①同年代で異性，②年上で同性，③年上で異性の場合についても聞いたところ，性別の違いはほとんど影響がなかったが，相手の年齢が上がった場合は「お礼を言う」という人の割合も増えた。たとえば，自分の両親くらいの年齢で同性の相手の場合，「お礼を言う」と答えた人は米・英ともに3割程度となった。

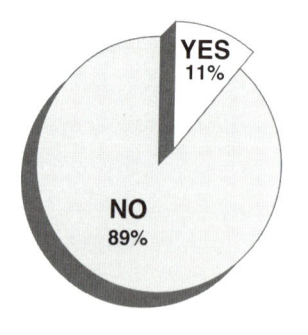

NATIVE の実際の声！

- Too humble.（お礼を言うのはへりくだりすぎだと思う。米♀20代）
- It sounds too formal.（堅苦しすぎるように思う。米♂30代）
- It sounds overly grateful, and could even be construed as sarcastic.（大げさに感謝しすぎで，皮肉にとられかねない。英♀20代）
- It sounds as if you're trying to flatter them.（お世辞でも言おうとしているように聞こえる。英♀20代）
- No, I do not want to appear that he is granting me a privilege.（まるで特権を授与されているような印象になってしまうので，自分ならお礼は言わない。米♂30代）
- It is assumed someone would only say this to you if they were of a much older generation or of very high status.（この場合のように，名前をファーストネームで呼んでもいいと言うこと自体，相手が相当年上か，とても身分が上の場合だけだと思う。英♀20代）
- To be honest, if introduced to a friend by a friend it would be unusual to have his full name stated — more likely that you would mention a nickname such as "This is Alexander, but everyone calls him Al."（友人から別の友人を紹介されるときにフルネームで紹介されることはあまりないと思う。考えられる状況としては「こちらはAlexander，みんなAlと呼んでます」というようにニックネームで紹介されるのがふつうだと思う。英♂20代）
- In the given situation, the person would not say "Please call me X." unless the name they go by is different from their first name as it was introduced to you.（この状況で "Please call me X." と言われるとしたら，相手がふだん呼ばれている名前と紹介されたときのファーストネームとが違う場合ぐらいだと思う。米♀20代）

> **NATIVE の結論**
>
> Okay [OK].
> Sure.
> あるいは何も言わない，すぐにファーストネームに切り替える

バーダマン先生の Example Conversation

> 相手から呼び方を指定された場合は了解したことを示すため，返事の際にさっそく相手の名前を呼ぶのがよいでしょう。気を遣ってためらうと呼ぶチャンスを逃してしまいます。

☆同じ年齢や地位の相手の場合

A: My name is Jason, but just call me "J."
B: Okay, "J."
 A: 名前はジェイソンだけど，ジェイでいいよ。
 B: 了解，ジェイ。

A: I'm Katherine, but please call me Kate.
B: All right, Kate.
 A: 私はキャサリンです。ケイトって呼んでね。
 B: 了解，ケイト。

☆年齢や地位が上の相手の場合

A: I'm Bob Wilson. Please just call me Bob.
B: Okay, Bob, I'll do that.
 A: ボブ＝ウィルソンです。ボブと呼んでください。
 B: ボブですね，わかりました。

ONE POINT COLUMN

英語の名前人気ランキング！

　アメリカで最も人気のある赤ちゃんの名前は何でしょう？2000年から現在にかけては，次の通りです。
女性のトップ5：Emily, Madison, Hannah, Emma, Ashley
男性のトップ5：Jacob, Michael, Joshua, Matthew, Andrew

　流行りの名前は，年によって少しずつ異なるものの，昔から変わらず，聖書に出てくる人物の名前は不動の人気があるようです。たとえば，女性ではHannah, Sarah, Elizabeth, Rachel。男性では，上記のトップ5に加え，Joseph, Daniel, David, James, Samuelなどが代表的です。

　ミドルネームも聖書の人物から取ることがよくありますが，ミドルネームの場合，尊敬する人への敬意を表し，あやかることができるよう，その人たちの名前を子供につける親も多くいます。有名なところだと，公民権運動の立役者Martin Luther Kingなどがこの例にあたります。Martin Luther Kingは，ドイツの宗教改革者Martin Luther（マルティン＝ルター）にちなんで，名づけられています。

　また，日本にはあまりない習慣ですが，自分と全く同じ名前を息子につける親もアメリカでは珍しくありません。この場合，息子にはJr.（=Junior）をつけ，また，3世の場合は，James IIIのように名前の後にIII（The third）をつけて，それぞれが混乱しないようにします。この習慣は息子の場合だけで，将来的に他家へ嫁いでしまう娘の場合はないようです。

著者： 川村　晶彦
成城大学社会イノベーション学部心理社会学科専任講師。ロータリー財団国際親善奨学生として英国エクセター大学に留学（MA in Lexicography），東京外国語大学大学院修了（修士（言語学））応用言語学（語用論，辞書学）専攻。旺文社『レクシス英和辞典』（2002年），同『コアレックス英和辞典』（2005年）で語用論情報を担当。

コラム執筆： ジェームス・M・バーダマン
米国テネシー州生まれ。ハワイ大学大学院でアジア研究専修，修士。1976年に来日し，以後様々な大学で教鞭を取り，現在は早稲田大学文学部，英文学科教授。著書に『アメリカ日常生活のマナーQ&A』『A or B? ネイティブ英語』（講談社インターナショナル），『よく使う順英会話フレーズ』（中経出版），『ミシシッピ＝アメリカを生んだ大河』（講談社）など多数。

- ■装丁デザイン　㈱ライトパブリシティ／服部一成・山下智子
- ■本文デザイン　三浦悟
- ■本文イラスト　永野敬子
- ■コラム翻訳　　山田暢彦
- ■編 集 協 力　ブライアン岸
　　　　　　　　内田諭
　　　　　　　　㈲ワードワークス